1   **Theoretische Grundlagen**

2   **Gesundheits- und Krankheitsmodelle**

3   **Index**

Dr. Bringfried Müller

Psychologie Band 2

MEDI-LEARN Skriptenreihe

6., komplett überarbeitete Auflage

MEDI-LEARN Verlag GbR

Autoren: Dr. med. Dipl.-Psych. Bringfried Müller, Dipl.-Psych. Franziska Dietz (1. Auflage)

Teil 2 des Psychologiepaketes, nur im Paket erhältlich
ISBN-13: 978-3-95658-007-9

Herausgeber:
MEDI-LEARN Verlag GbR
Dorfstraße 57, 24107 Ottendorf
Tel. 0431 78025-0, Fax 0431 78025-262
E-Mail redaktion@medi-learn.de
www.medi-learn.de

Verlagsredaktion:
Dr. Marlies Weier, Dipl.-Oek./Medizin (FH) Désirée Weber, Denise Drdacky, Jens Plasger, Sabine Behnsch, Philipp Dahm, Christine Marx, Florian Pyschny, Christian Weier

Layout und Satz:
Fritz Ramcke, Kristina Junghans, Christian Gottschalk

Grafiken:
Dr. Günter Körtner, Irina Kart, Alexander Dospil, Christine Marx

Illustration:
Daniel Lüdeling

Druck:
A.C. Ehlers Medienproduktion GmbH

6. Auflage 2014
© 2014 MEDI-LEARN Verlag GbR, Marburg

Das vorliegende Werk ist in all seinen Teilen urheberrechtlich geschützt. Alle Rechte sind vorbehalten, insbesondere das Recht der Übersetzung, des Vortrags, der Reproduktion, der Vervielfältigung auf fotomechanischen oder anderen Wegen und Speicherung in elektronischen Medien.
Ungeachtet der Sorgfalt, die auf die Erstellung von Texten und Abbildungen verwendet wurde, können weder Verlag noch Autor oder Herausgeber für mögliche Fehler und deren Folgen eine juristische Verantwortung oder irgendeine Haftung übernehmen.

Wichtiger Hinweis für alle Leser
Die Medizin ist als Naturwissenschaft ständigen Veränderungen und Neuerungen unterworfen. Sowohl die Forschung als auch klinische Erfahrungen führen dazu, dass der Wissensstand ständig erweitert wird. Dies gilt insbesondere für medikamentöse Therapie und andere Behandlungen. Alle Dosierungen oder Applikationen in diesem Buch unterliegen diesen Veränderungen.
Obwohl das MEDI-LEARN Team größte Sorgfalt in Bezug auf die Angabe von Dosierungen oder Applikationen hat walten lassen, kann es hierfür keine Gewähr übernehmen. Jeder Leser ist angehalten, durch genaue Lektüre der Beipackzettel oder Rücksprache mit einem Spezialisten zu überprüfen, ob die Dosierung oder die Applikationsdauer oder -menge zutrifft. Jede Dosierung oder Applikation erfolgt auf eigene Gefahr des Benutzers. Sollten Fehler auffallen, bitten wir dringend darum, uns darüber in Kenntnis zu setzen.

Inhalt

1	**Theoretische Grundlagen**	**1**	1.5.5	Motivationskonflikte (Lewin) 22
			1.6	Persönlichkeit und Verhaltensstile 22
1.1	Biologische Grundlagen 1		1.6.1	Prädispositionismus 23
1.1.1	Lokalisation von Hirnfunktionen 1		1.6.2	Situationismus 23
1.1.2	Gedächtnis 2		1.6.3	Interaktionismus 23
1.1.3	Gedächtnisstörungen 3		1.6.4	Psychoanalytische Persönlichkeitstheorie 23
1.1.4	Neuronale Plastizität 4		1.6.5	Faktorenanalytische/statistische Persönlichkeitsmodelle 25
1.1.5	Perseveration 4			
1.1.6	Konfabulieren 5		1.6.6	Persönlichkeitsstörungen 26
1.2	Lernen 5		1.7	Entwicklung und primäre Sozialisation (Kindheit) 26
1.2.1	Klassisches Konditionieren (Signallernen) 5		1.7.1	Kognitive Entwicklung nach Jean Piaget 26
1.2.2	Operantes Konditionieren (Lernen am Erfolg) 7		1.8	Entwicklung über die weitere Lebensspanne 29
1.2.3	Reizgeneralisierung und Reizdiskriminierung 9		1.8.1	Merkmale des Jugendalters 29
1.2.4	Extinktion (Löschung von Verhalten) 9		1.8.2	Besondere Problembereiche im Jugendalter 29
1.2.5	Modelllernen/Sozial-kognitive Lerntheorie 10		1.8.3	Erziehungsstile 29
1.3	Kognition 10		1.9	Bindungsverhalten von Kindern 30
1.3.1	Wahrnehmung 10			
1.3.2	Positiver und negativer Transfer 10		**2**	**Gesundheits- und Krankheitsmodelle/ Psychotherapie** **33**
1.3.3	Intelligenz 11			
1.4	Emotion 13		2.1	Verhaltensmodelle (lerntheoretische Modelle) und Verhaltenstherapie 33
1.4.1	Komponenten der Emotion 13			
1.4.2	Die 6 Primär-/Basisemotionen 14		2.1.1	SORKC-Modell: Verhaltensanalyse 33
1.4.3	Emotionstheorien 14		2.1.2	Klassische verhaltenstherapeutische Techniken 34
1.4.4	Angst 14			
1.4.5	Depressionen 16		2.1.3	Kognitive Verhaltenstherapie 37
1.4.6	Trauer und Phasen der Auseinandersetzung mit dem Tod 17		2.2	Psychodynamische Modelle und die psychoanalytische Therapie 37
1.5	Motivation 19		2.2.1	Psychoanalyse als Therapiemethode ... 37
1.5.1	Ethologischer Ansatz (Vergleichende Verhaltensforschung) ... 19		2.2.2	Psychoanalytische Techniken 38
1.5.2	Humanistische Motivationstheorie: Bedürfnishierarchie nach Maslow 20		2.2.3	Abwehrmechanismen 38
1.5.3	Leistungsmotivation 20			
1.5.4	Attributionstheorie 21			

Ihre Arbeitskraft ist Ihr Startkapital. Schützen Sie es!

DocD'or – intelligenter Berufsunfähigkeitsschutz für Medizinstudierende und junge Ärzte:

- Mehrfach ausgezeichneter Berufsunfähigkeitsschutz für Mediziner, empfohlen von den großen Berufsverbänden
- Stark reduzierte Beiträge, exklusiv für Berufseinsteiger und Verbandsmitglieder
- Versicherung der zuletzt ausgeübten bzw. der angestrebten Tätigkeit, kein Verweis in einen anderen Beruf
- Volle Leistung bereits ab 50 % Berufsunfähigkeit
- Inklusive Altersvorsorge mit vielen individuellen Gestaltungsmöglichkeiten

Lassen Sie sich beraten!

Nähere Informationen und unseren Repräsentanten vor Ort finden Sie im Internet unter www.aerzte-finanz.de

Deutsche Ärzte Finanz

Standesgemäße Finanz- und Wirtschaftsberatung

1 Theoretische Grundlagen

Fragen in den letzten 10 Examen: 108

Dieses Skript gliedert sich in zwei Teile: Im ersten Teil werden die theoretischen Grundlagen besprochen, im zweiten geht es um Gesundheits- bzw. Krankheitsmodelle sowie Psychotherapie.
Die physikumsrelevanten theoretischen Grundlagen stammen aus den Bereichen:
- Biologie,
- Lernformen,
- Kognition,
- Emotion,
- Motivation,
- Persönlichkeit und Verhaltensstile,
- Entwicklung und primäre Sozialisation sowie
- Entwicklung über die weitere Lebensspanne.

1.1 Biologische Grundlagen

In diesem Kapitel geht es um die Lokalisation psychischer Prozesse im Gehirn.
Um herauszufinden, wo genau etwas im Gehirn abläuft, bedient man sich verschiedener Methoden:
- Das EEG, bei dem mittlere Potenzialschwankungen auf der Kopfhaut abgeleitet werden, liefert eine hohe zeitliche Auflösung von Hirnaktivitäten.
- Magnetresonanztomografische Verfahren bieten eine hohe räumliche Auflösung.
- funktionelle Magnetresonanztomografische Verfahren erlauben es, über Unterschiede in der Sauerstoffsättigung des Blutes Aktivitäten von Hirnarealen zu erkennen.
- Durch Untersuchung der Funktionseinschränkungen nach lokalisierten Hirnschädigungen kann man auf die anatomischen Korrelate psychischer Prozesse schließen. Man fand z. B. heraus, dass sich der „Sitz der Persönlichkeit" im Frontalhirn befindet, da bei einer Schädigung in diesem Bereich sämtliche Hemmungen wegfallen (Witzelsucht) und darüber hinaus auch planvolles Handeln kaum mehr möglich ist. Eine Störung im Hippokampus dagegen erschwert die Speicherung von Informationen im Langzeitgedächtnis, was auf eine Beteiligung des Hippokampus am Lernprozess schließen lässt. Eine Störung im Bereich der Amygdala führt zum Verlust von Furcht und Aggression, aber auch zur Unfähigkeit, Gesichtsausdrücke emotional bewerten zu können, was nahelegt, dass die Amygdala für unsere Gefühlswelt bedeutsam ist.
- Durch Elektrostimulation ließ sich z. B. das Belohnungszentrum im Ncl. accumbens lokalisieren. Erhöht sich dort die Dopaminausschüttung, wird dies als Glück empfunden.

1.1.1 Lokalisation von Hirnfunktionen

Grundsätzlich lässt sich unser Hirn in einen vorderen und hinteren Teil sowie einen rechten und linken Teil gliedern. Vorne sind motorische Prozesse lokalisiert, hinten sensorische Prozesse. Die Spezialisierung der rechten und linken Hirnhälften nennt man **Lateralisierung**. Hierbei unterscheidet man die dominante von der nichtdominanten Hemisphäre:
- Die dominante Hirnhälfte ist in der Regel kontralateral zur Händigkeit. Bei Rechtshändern ist also meist die linke Hemisphäre dominant, bei Linkshändern häufiger die rechte. In der dominanten Hemisphäre befinden sich die Sprachfunktionen und das verbale Gedächtnis. Mit ihr denken wir rational.
- Die nichtdominante Hemisphäre nutzen wir für räumlich-visuelle und taktile Aufgaben.

Mit Hilfe des groben Schemas
    links   = sprachliches Denken,
    rechts = räumlich visuelles Denken,
    vorne   = motorische Areale und
    hinten = sensorische Areale,

1 Theoretische Grundlagen

lassen sich spezielle Funktionen und deren Störungen bereits gut lokalisieren.

Beispiel
Bei Rechtshändern befindet sich links vorne das motorische, links hinten das sensorische Sprachzentrum. Einer Broca-Aphasie liegt eine motorische Sprachstörung im Frontallappen zugrunde, bei der die Sprachproduktion gestört ist.
Bei der Wernicke-Aphasie liegt eine sensorische Sprachstörung im Temporallappen vor. Gestört ist hier das Sprachverständnis. Läsionen im Parietallappen können zu folgenden Symptomen führen:
– Agraphie = Unfähigkeit zu schreiben,
– Alexie = Unfähigkeit zu lesen,
– Objektagnosie = Unfähigkeit, Objekte zu erkennen,
– Apraxie = Unfähigkeit, zielgerichtete Bewegungen auszuführen.

Bei Epilepsie durchtrennt man gelegentlich aus therapeutischen Gründen das Corpus callosum (die Brücke zwischen den Hemisphären) als ultima ratio. Solche Patienten nennt man „split-brain-Patienten". Hier lässt sich die Hemisphärenlokalisation psychischer Funktionen beobachten. Wenn man einem solchen Patienten einen Gegenstand im linken Gesichtsfeld zeigt, so wird dieses Bild zunächst in der rechten Hemisphäre verarbeitet. Der Gegenstand kann dann jedoch nicht benannt werden, da sich das Sprachzentrum der meisten Menschen in der linken Hemisphäre befindet.

Merke!
Broca-Frontallappen-Produktion (oh, ich kann nicht mehr sprechen).
Wernicke-Temporallappen-Verständnis (he, verstehe ich nicht).
Parietallappen, Agrafie, Alexie, Objektagnosie, Apraxie (arrrg, alles im Argen).

1.1.2 Gedächtnis

Zur Funktionsweise des Gedächtnisses gibt es verschiedene **Modelle und Theorien**.
Im Physikum wird gerne nach den Modellen von Markowitsch gefragt. Markowitsch beschreibt einen sequenziellen Ablauf, in dem Informationen über den sensorischen Speicher ins Arbeitsgedächtnis und anschließend ins Langzeitgedächtnis gelangen.
Innerhalb dieser sequenziellen Abstufungen finden sich verschiedene Modalitäten, die in Tab. 1, S. 2 zusammengefasst sind.
Im **sensorischen Speicher** (Ultrakurzzeitgedächtnis) verweilen Wahrnehmungen nur wenige Sekunden. So empfinden wir noch Reize, obwohl sie nicht mehr wirken, wir hören gerade verklungene Töne (echoisches Gedächtnis) oder sehen gerade verschwundene Bilder (ikonisches Gedächtnis). Die Informationen liegen hier in Form kreisender elektrischer Erregungen vor. Im **Arbeitsgedächtnis** wird die Information weiter verarbeitet. Auch hier lie-

Informationsfluss	Modalität
sensorisches Gedächtnis = Ultrakurzzeitgedächtnis wenige Sekunden	– ikonisches Gedächtnis – echoisches Gedächtnis
Arbeitsgedächtnis = Kurzzeitgedächtnis wenige Minuten	– **verbal**: 7 Informationseinheiten – **visuell**: vier Objekte mit je 16 Eigenschaften
Langzeitgedächtnis auf unbestimmte Zeit	– **reflexiv (unbewusst): implizites Wissen** • **priming** = Bahnung, Reizwiedererkennung • **prozedural** = Bewegungsabläufe • **perzeptuell** = Objekte erkennen – **deklarativ (bewusst): explizites Wissen** • **semantisch** = allgemeines, teilbares Wissen • **episodisch** = persönliche Erlebnisse

Tab. 1: Informationsfluss und Modalitäten

gen die Informationen als kreisende elektrische Erregungen vor. Im verbalen Arbeitsgedächtnis können wir 7 Informationseinheiten verarbeiten, im visuellen **Arbeitsgedächtnis** sind es vier Objekte mit 16 verschiedenen Eigenschaften. Das Arbeitsgedächtnis ist im präfrontalen Kortex lokalisiert. Hier findet sich auch die Fähigkeit, Regeln zu erkennen, nach denen neue Reize kategorisiert werden können. Diese Fähigkeit erleichtert die Speicherung und Verknüpfung mit bereits bekannten Informationen und lässt sich mit dem Wisconsin Card Sorting Test (WCST) erfassen, einem Test zur Diagnose frontaler Läsionen.

In das **Langzeitgedächtnis** kommen neue Informationen bereits nach wenigen Minuten. Dabei ändert sich dauerhaft die Erregbarkeit von Neuronen im Hippokampus und im Kortex. Diesen Vorgang nennt man Langzeitpotenzierung.

Das Langzeitgedächtnis lässt sich in fünf hierarchisch geordnete Gedächtnissysteme unterteilen, die der Reihenfolge in Tabelle 1 entsprechend vom Priming-Gedächtnis bis hin zum episodischen Gedächtnis an Komplexität der Inhalte und Bewusstseinsgrad zunehmen; entsprechend sind auch die beteiligten neuroanatomischen Hirnstrukturen zunehmend höher entwickelt.

Das im Neokortex lokalisierte episodische Gedächtnis gibt es nur bei Menschen, die anderen vier Systeme sind auch bei Tieren vorhanden. Die Gedächtnissysteme lassen sich grob in unbewusste (reflexive) und bewusste (deklarative) Gedächtnissysteme unterteilen, wobei das perzeptuelle Gedächtnis am Übergang zwischen „unbewusst" und „bewusst" steht. Die unbewußten laufen im Vergleich zu den bewußten kognitiven Prozessen wesentlich schneller ab.

Das **reflexive Gedächtnis** beinhaltet implizites Wissen, d. h. Fähigkeiten, die wir zwar ausführen, nicht aber erklären können. Hierzu gehören das Priming-Gedächtnis, mit dessen Hilfe Reize wiedererkannt werden, und das prozedurale Gedächtnis, in dem Bewegungsabläufe gespeichert sind.

An der Grenze zu unserem Bewusstsein steht das **perzeptuelle Gedächtnis**, mit dem wir Gegenstände als solche erkennen und benennen können. Wir erkennen sofort einen Apfel, können aber nicht erklären, welche Merkmale es genau sind, die uns so sicher machen. Auch Reiz-Reaktionsverknüpfungen (Konditionierungsprozesse) sind hier gespeichert.

Das **deklarative Gedächtnis** beinhaltet unser explizites Wissen, das wir auch verbalisieren können. Es ist im Neokortex lokalisiert. Bei den Speicherprozessen spielen der Hippokampus, der Papez-Kreis und die Amygdala eine wichtige Rolle.

Im **semantischen Teil** befindet sich allgemeines Wissen (z. B. Hauptstädte, berufliches Wissen, Begriffe etc.). Wir wissen, dass Paris die Hauptstadt von Frankreich ist, können uns aber nicht mehr erinnern, wann und wo wir das gelernt haben.

Im **episodischen Teil** hingegen speichern wir persönlich erlebte Geschichten unter zusätzlicher Berücksichtigung von Raum und Zeit.

1.1.3 Gedächtnisstörungen

Gedächtnisstörungen können durch ein Trauma hervorgerufen werden. Kann man sich nicht mehr an die Zeit vor dem Trauma erinnern, spricht man von retrograder Amnesie, Erinnerungslücken nach dem Unfall bezeichnet man als anterograde Amnesie.

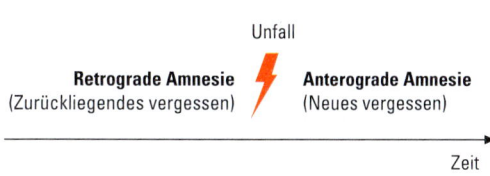

Abb. 1: Retrograde und anterograde Amnesie

medi-learn.de/6-psycho2-1

Gedächtnisstörungen können sich auch nur auf Teilbereiche beziehen. Wird z. B. der Hippocampus geschädigt, so können ab der Schädigung

1 Theoretische Grundlagen

keine neuen Erlebnisse mehr gespeichert werden, alte Erinnerungen bis zum Zeitpunkt der Schädigung können aber weiterhin abgerufen werden. Patienten mit dieser Störung beschweren sich gerne darüber, dass sie jeden Tag von einem anderen Pfleger betreut werden. Im Examen werden z. B. Patienten mit isolierten Ausfällen beschrieben, denen dann eine Gedächtnismodalität zugeordnet werden soll. So können sich Patienten z. B. noch an alle Hauptstädte Europas erinnern, nicht aber an die eigene Hochzeit. Dies wäre eine isolierte Störung des episodischen Gedächtnisses, das semantische Gedächtnis wäre hier noch intakt. Psychogene Gedächtnisstörungen betreffen häufig den episodischen Teil. Nicht erinnerbare Inhalte stehen dabei oft in zeitlichem Zusammenhang mit schweren psychischen Belastungen.

Interferenztheorie

Auch im Bereich des Gesunden gibt es Phänomene, die das Behalten erschweren: Die Interferenztheorie beschreibt Überlagerungseffekte, die die Speicherung neuer Informationen erschweren. Man unterscheidet zwischen **pro- und retroaktiver Hemmung**. Wenn zwei Lerninhalte hintereinander gelernt werden und der erste Lernstoff den zweiten überlagert, man also den ersten Lernstoff besser behält, so spricht man von proaktiver Hemmung, im umgekehrten Fall von retroaktiver Hemmung. Also: Proaktiv hemmt nach vorne, retroaktiv hemmt nach hinten. Das in der Mitte gelernte wird also proaktiv von dem zuvor gelernten und retroaktiv von dem danach gelernten überlagert und am schnellsten vergessen. Man behält daher Informationen zu Beginn einer Lektion (Primacy-Effekt) oder am Ende einer Lektion (Recency-Effekt) am besten.

Der Zeigarnikeffekt

Der Zeigarnikeffekt besagt, dass Dinge, die eine besondere Spannung erzeugen, d. h. unerledigte Aufgaben, angebissene Brötchen, ungelöste Klausurfragen etc. besonders gut behalten werden. Erledigte, abgeschlossene Dinge werden schnell wieder vergessen.

> **Übrigens ...**
> Solche Interferenzen kannst du beim Lernen vermeiden, wenn du zwischen der Bearbeitung verschiedener Themen Pausen machst, statt gleich mit dem neuen Inhalt zu beginnen.

1.1.4 Neuronale Plastizität

Obwohl bestimmte kognitive Leistungen bestimmten Hirnarealen zugeordnet sind, können diese Funktionen wandern. Dieses Phänomen nennt man **neuronale Plastizität**. Es beschreibt die morphologische und funktionale Änderung der Synapsen sowie die Lokalisationsänderung bestimmter kognitiver Leistungen. Die morphologische Plastizität lässt sich durch Volumenänderung bestimmter Hirnareale nachweisen und durch gezieltes neuropsychologisches Training nutzen, um die Funktionen geschädigter Hirnareale auf gesunde zu verlagern.

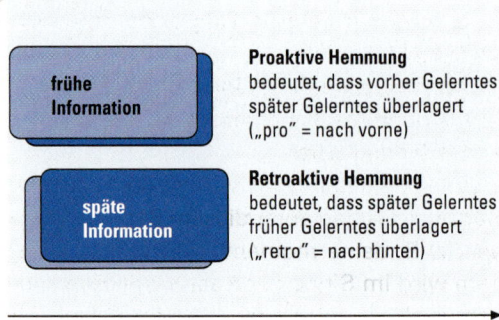

Abb. 2: Proaktive und retroaktive Hemmung

medi-learn.de/6-psycho2-2

1.1.5 Perseveration

Perseveration ist ein Symptom, das nach Schädigung des Frontalhirns auftreten kann.

Es bedeutet, dass die Betroffenen Probleme haben, sich auf neue Situationen oder Regeln einzustellen. Beispielsweise können solche Patienten nicht auf veränderte Aufgabeninstruktionen reagieren. Wenn sie etwas erzählen, wiederholen sie sich dabei ständig.

> **Übrigens ...**
> Du kannst dir die Symptomatik der Perseveration gut merken, wenn du dir eine Schallplatte mit einem Sprung vorstellst, an dem der Patient beim Erzählen immer wieder hängenbleibt.

1.1.6 Konfabulieren

Konfabulieren bezeichnet das phantasievolle Überspielen von Gedächtnislücken durch erfundene Geschichten. Es tritt häufig bei Patienten mit Korsakoff-Syndrom nach starkem Alkoholmissbrauch und Schädigungen in temporalen Kortexarealen auf. Dabei ist schwer zu entscheiden, ob die Patienten absichtsvoll lügen oder tatsächlich nicht mehr zwischen Realität und Fiktion unterscheiden können.

1.2 Lernen

In diesem Kapitel geht es um drei verschiedene Lernformen, die im Folgenden detailliert vorgestellt werden:
- das klassische Konditionieren,
- das operante Konditionieren und
- das Modelllernen.

Lernen hat dabei nicht viel mit dem zu tun, was wir im Alltag unter diesem Begriff verstehen (z. B. deine momentane Tätigkeit), sondern wird im Sinne des klassischen Behaviorismus als eine sichtbare Verhaltensänderung definiert, die Übung erfordert und nicht reifungsbedingt (= biologisch determiniert) ist.

> **Merke!**
> Die Behavioristen wollten Verhalten empirisch möglichst sauber erfassen, indem sie sich auf beobachtbare Reaktionen konzentrierten. Alles andere – beispielsweise die Prozesse, die im Gehirn während des Lernens ablaufen – werden in diesen Lerntheorien nicht oder nur am Rande (beim Modelllernen) behandelt.

1.2.1 Klassisches Konditionieren (Signallernen)

Beim klassischen Konditionieren wird ein bisher neutraler Reiz durch wiederholte Darbietung/Koppelung mit einem unkonditionierten Reiz zu einem konditionierten Reiz. Daher wird hier eine Reiz-Reiz-Assoziation gelernt.

Begriffe des klassischen Konditionierens

Um das klassische Konditionieren verstehen zu können, muss man sich das Vokabular der Behavioristen aneignen. Hier sind alle wichtigen Vokabeln inklusive ihrer Übersetzung aufgeführt:
- **unkonditionierter Reiz/unbedingter Reiz** (UCS für unconditioned stimulus): entspricht einem ungelernten Reiz (= kein Lernen notwendig), der eine (meist) angeborene Reaktion auslöst.
- **unkonditionierte Reaktion/unbedingte Reaktion** (UCR für unconditioned reaction): eine Reaktion, die automatisch (= ohne vorheriges Lernen) auf den unkonditionierten Reiz erfolgt.
- **neutraler Reiz** (NS für neutral stimulus): Reiz, der vor dem Lernvorgang keine bestimmte Reaktion auslöste, also keine Bedeutung hatte.
- **konditionierter Reiz/bedingter Reiz** (CS für conditioned stimulus): ehemals neutraler Reiz, der durch die Konditionierung zu einem Signalreiz geworden ist und dadurch (auch ohne Kopplung mit dem unkonditionierten Reiz) eine Reaktion auslöst.
- **konditionierte Reaktion/bedingte Reaktion** (CR für conditioned reaction): Reaktion, die jetzt auf den konditionierten Reiz erfolgt (dasselbe Verhalten, das vorher nur auf den unkonditionierten Reiz hin gezeigt wurde).

1 Theoretische Grundlagen

Ablauf des klassischen Konditionierens

Das klassische Konditionieren ist eine Lernform, die immer nach demselben Schema verläuft (s. Abb. 3, S. 6). Am Beispiel des Pawlowschen Hundes wäre das folgendermaßen: Zunächst löst der Geruch von Futter (unkonditionierter Reiz/UCS) beim Pawlowschen Hund eine Speichelreaktion (unkonditionierte Reaktion/UCR) aus. Das Futter wird nun mit einem Klingelton (neutraler Reiz/NS) gekoppelt, wobei vor dem Futter immer der Klingelton dargeboten wird. Der Klingelton wird damit zum **Signal** für Futter. Nach mehrfacher gekoppelter Darbietung des Futters (unkonditionierter Reiz/UCS) und dem bisher neutralen Klingelton löst auch der bisher neutrale Reiz allein die Speichelflussreaktion aus und wird damit zum konditionierten Reiz (CS).

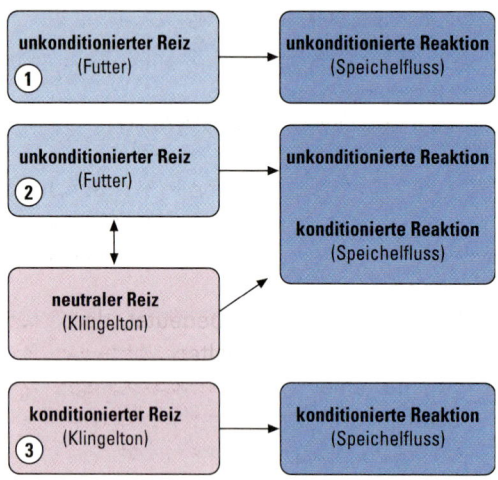

Abb. 3: Schema des klassischen Konditionierens
medi-learn.de/6-psycho2-3

Am besten versuchst du jetzt gleich einmal die Begriffe des klassischen Konditionierens beim folgenden Beispiel richtig zuzuordnen.

Beispiel
Susanne wird beim Autofahren immer schlecht. Im Auto ihrer Eltern riecht es nach einem Vanilleduftbaum. Nach einigen Autofahrten reicht schon der Geruch von Vanille aus, damit ihr schlecht wird.

Merke!
Am besten klappt die klassische Konditionierung, wenn der konditionierte Reiz (CS) etwa eine halbe Sekunde vor dem unkonditionierten Reiz (UCS) dargeboten wird. Dann ist der CS ein **Signal** für den folgenden UCS!

Konditionierung höherer Ordnung

Ein konditionierter Reiz (Klingelton in Pawlows Hundebeispiel) wird mit einem weiteren, bisher neutralen Reiz gekoppelt (z. B. Lichtblitz), sodass schließlich bereits der zweite, vorher neutrale Reiz die konditionierte Reaktion auslöst (Lichtblitz wird zum Signal für Klingel, Klingel wird zum Signal für Futter, Futter löst Speichelfluss aus).

Beispiel
Frau M. hat eine Hundeaversion. Ein neuer Nachbar mit Hund zieht ein. Frau M. mag den Nachbarn nicht.

Preparedness

Die neutralen Reize beim klassischen Konditionieren sind nicht wirklich neutral. Verschiedene „neutrale Reize" eignen sich unterschiedlich gut zur Konditionierung (z. B. häufig Angst vor Spinnen, aber niemals Angst vor Steckdosen). Diese Unterschiede deuten auf eine **biologische Basis** bestimmter Reize hin, die wahrscheinlich früher für den Menschen von lebenswichtiger Bedeutung waren. Preparedness kann man als eine Art „Vorbereitetsein" zum Erlernen einer Reaktion auf bestimmte leicht konditionierbare Reize verstehen.

1.2.2 Operantes Konditionieren (Lernen am Erfolg)

Klinisch relevante Beispiele für klassische Konditionierung

Geschmacksaversion: Aversionen gegen bestimmte Nahrungsmittel können durch klassisches Konditionieren erlernt werden. Isst man beispielsweise Erdbeeren und fährt danach so oft mit der Achterbahn, bis einem schlecht ist, können die Erdbeeren von einem neutralen zu einem konditionierten Reiz werden, der auch ohne nachträgliches Achterbahnfahren Übelkeit auslöst. Geschmacksaversionslernen macht man sich zum Teil in der Therapie mit Alkoholsüchtigen zunutze, indem der Alkohol mit einem Übelkeit verursachenden Medikament gekoppelt wird.

Antizipatorische Übelkeit: Bei Krebspatienten in chemotherapeutischer Behandlung kommt es häufig vor, dass durch eine Kopplung der Klinikumgebung mit der durch die Zytostatika ausgelösten Übelkeit diese Übelkeit bereits ohne Medikamenteneinnahme beim Betreten der Klinik beginnt (vorher neutraler Anblick der Klinik wird zum konditionierten Reiz).

1.2.2 Operantes Konditionieren (Lernen am Erfolg)

Die Grundidee des operanten Konditionierens/instrumentellen Lernens besteht darin, dass die Auftretenswahrscheinlichkeit eines Verhaltens durch seine Konsequenzen, das heißt durch Belohnung und Bestrafung verändert wird.

Effektgesetz des Lernens

Das Effektgesetz des Lernens lautet folgendermaßen:
– Wird eine Verhaltensweise belohnt, tritt sie häufiger auf (Verstärkung).
– Wird eine Verhaltensweise bestraft, tritt sie seltener auf (Bestrafung).
– Die beiden im Gesetz beschriebenen Lernmechanismen des operanten Konditionierens kann man über die Veränderung der Häufigkeit, mit der ein Verhalten gezeigt wird, unterscheiden.

> **Merke!**
>
> **Verstärkung** liegt immer dann vor, wenn die Auftretenswahrscheinlichkeit eines Verhaltens steigt, das Verhalten also häufiger gezeigt wird. Reduziert sich die Häufigkeit eines Verhaltens, handelt es sich um **Bestrafung.**

Positive und Negative Verstärkung

Möchte man die Häufigkeit eines Verhaltens steigern (Beispiel: Ein Kind soll häufiger seine Hausaufgaben machen), so gibt es zwei Möglichkeiten:
– **Positive Verstärkung** bedeutet, dass man das erwünschte Verhalten durch die Hinzugabe einer angenehmen Konsequenz belohnt (z. B. Kind bekommt nach den gemachten Hausaufgaben ein Eis).
– **Negative Verstärkung** bedeutet, dass eine unangenehme (= aversive) Konsequenz

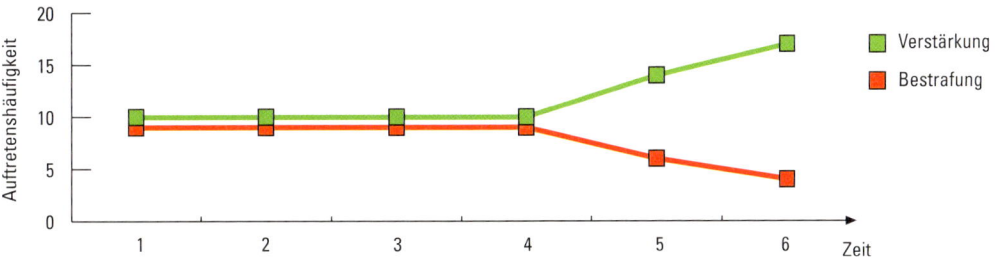

Abb. 4: Diagramm zu Verstärkung und Bestrafung

medi-learn.de/6-psycho2-4

ausbleibt (z. B. wenn es die Hausaufgaben gemacht hat, gibt es keine Streitigkeiten mit der Mutter).

> **Merke!**
>
> Der Begriff der positiven Verstärkung wird benutzt, weil eine Konsequenz dazukommt („plus Konsequenz"); Negative Verstärkung dagegen bedeutet, dass eine Konsequenz weggenommen wird („minus Konsequenz"). Positiv und negativ hat also NICHTS mit der Qualität der Konsequenz zu tun.

Im Bereich der klinischen Psychologie wird häufig thematisiert, dass Verstärkungsprozesse dazu führen, dass eigentlich unerwünschtes Verhalten beibehalten wird. Beispielsweise werden manche Patienten nicht so schnell gesund, wie es eigentlich „medizinisch möglich" wäre,
- da sie in ihrer Krankenrolle besonders viel Zuwendung (positive Verstärkung) bekommen oder
- da sie als Kranke von lästigen Pflichten entbunden sind (negative Verstärkung).

Weitere Beispiele von Verhaltensänderungen, die mit **negativen Verstärkungsmechanismen** erklärt werden können, sind
- die Steigerung der Medikamenteneinnahme bei Schmerzpatienten, da bei Einnahme die unangenehmen Schmerzen (= aversiver Reiz) ausbleiben,
- dass ein Diabetes-Patient sein körperliches Trainingsprogramm intensiviert, um dadurch das ihm unangenehme Insulinspritzen zu reduzieren,
- das Aufrechterhalten von irrationalen Ängsten (z. B. bei Phobikern) durch das Vermeiden der gefürchteten Situation, da das Vermeidungsverhalten zu einer Reduzierung unangenehmer Ängste führt.

Bestrafung

Wird die Auftretenswahrscheinlichkeit eines Verhaltens reduziert, spricht man von Bestrafung. Eine Reduzierung unerwünschter Verhaltensweisen (z. B. Verringerung des Zigarettenkonsums) erreicht man entweder dadurch,
- dass auf das unerwünschte Verhalten eine unangenehme Konsequenz folgt (z. B. Vorwürfe vom Partner beim Anzünden der Zigarette) oder dadurch,
- dass, wenn das unerwünschte Verhalten gezeigt wird, eine angenehme Konsequenz entfällt (z. B. geplantes gemütliches Zusammensitzen wird aufgrund des Rauchens abgebrochen).

> **Merke!**
>
> Unter dem Begriff Bestrafung werden sowohl das Folgen einer unangenehmen Konsequenz als auch das Entfallen einer angenehmen Konsequenz zusammengefasst.

Um Verhalten zu verändern, sollte man nicht mit Bestrafung arbeiten, da sie sich nicht zum Aufbau von erwünschtem Verhalten eignet. Unerwünschte Verhaltensweisen sollten konsequent ignoriert werden. Erwünschtes Verhalten sollte verstärkt werden. Also: Wenn ein Kind seinen Spinat ausspuckt, sollte man nicht mit ihm schimpfen, sondern man sollte das erwünschte Verhalten verstärken. Wenn das Kind den Spinat isst, darf es anschließend z. B. Fußball spielen. Als Verstärker dient in diesem Beispiel eine gerne ausgeführte Handlung. Wenn eine solche gerne oder häufig gezeigte Handlung als Verstärker verwendet wird, spricht man vom **Premackprinzip**.

Verstärkerpläne

Die Verstärkung (Konsequenz auf bestimmtes Verhalten) kann nach unterschiedlichem Muster ablaufen. Verstärkerpläne beschreiben die Kontingenz zwischen Verhalten und Verstärkung. Der Begriff der Kontingenz beschreibt dabei die Enge des Zusammenhangs zwischen Verhalten und Konsequenz.

1.2.3 Reizgeneralisierung und Reizdiskriminierung

- **hohe Kontingenz** bedeutet, dass auf jedes Verhalten eine bestimmte Konsequenz erfolgt (z. B. jedes Mal wenn ein Kind weint, wird es von der Mutter getröstet),
- **niedrige Kontingenz** bedeutet, dass nur ab und zu bestimmte Konsequenzen eintreten (z. B. ab und zu führt das Lernen für die bevorstehende Arbeit zu einer guten Note).

Man unterscheidet daher folgende Verstärkerpläne:
- **Kontinuierliche Verstärkung:** Die Verstärkung erfolgt nach jeder Reaktion. Dadurch wird Verhalten besonders schnell aufgebaut.
- **Intermittierende Verstärkung:** Die Verstärkung erfolgt NICHT nach jedem gezeigten Verhalten, sondern
- **Quotenverstärkung:** Konsequenz erfolgt entweder nach fester oder variabler Quote (jedes fünfte Mal wird verstärkt oder durchschnittlich jedes fünfte Mal).
- **Intervallverstärkung:** Konsequenz erfolgt nach festem oder variablen **Zeitintervall** (alle drei Stunden wird Verhalten verstärkt oder durchschnittlich alle drei Stunden).

Die Geschwindigkeit des Lernens, aber auch die **Löschungsresistenz** von Verhalten hängen von der Art des Verstärkerplans ab:
Bei kontinuierlicher Verstärkung wird Verhalten besonders schnell gelernt, kann jedoch auch schnell wieder gelöscht werden.
Bei variabel intermittierender Verstärkung (z. B. einer Mischung aus Quoten- und Intervallplänen) wird Verhalten zwar langsam gelernt, ist aber – wenn es einmal erworben wurde – besonders stabil/löschungsresistent (z. B. beim Glücksspiel).

1.2.3 Reizgeneralisierung und Reizdiskriminierung

Je nachdem unter welchen Bedingungen ein Verhalten gelernt wird, kann es auf andere Situationen ausgeweitet werden oder nicht.
Als **Reizgeneralisierung** wird die Ausweitung der gelernten Reaktion auf ähnliche Reize bezeichnet.

Beispiel
Die gelernte Angst vor dem Zahnarztbohrer führt zu einer generalisierten Angst vor allen Bohrgeräuschen.

Als **Reizdiskrimination** wird die Einengung der gelernten Reaktion auf einen ganz bestimmten Reiz bezeichnet. Bei ähnlichen Reizen wird das gelernte Verhalten nicht gezeigt.

Beispiel
Ein Hund sabbert nur bei einem speziellem Klingelton, nicht bei ähnlichen Tönen.

1.2.4 Extinktion (Löschung von Verhalten)

Die Grundidee des klassischen und des operanten Konditionierens ist, dass alles erlernte Verhalten auch wieder verlernt oder umgelernt werden kann. Extinktion bedeutet, dass ein vorher gelerntes und gezeigtes Verhalten weniger wird oder ganz unterbleibt. Zur Extinktion kommt es
- beim **klassischen Konditionieren,** wenn der konditionierte/gelernte Reiz mehrmals ohne den unkonditionierten Reiz dargeboten wird (Klingelton ohne Futter) und so irgendwann seine Signalwirkung verliert. So findet eine Entkopplung von konditioniertem und unkonditioniertem Reiz statt.
- beim **operanten Konditionieren,** wenn auf das gelernte Verhalten keine Konsequenz mehr folgt (z. B. das Kind für das Hausaufgabenmachen nicht mehr gelobt wird oder die Mutter bei nicht gemachten Hausaufgaben aufhört zu schimpfen).

Wird ein vorher gelöschtes Verhalten spontan wieder gezeigt, spricht man von **Remission**. Beispiel: Beim Pawlowschen Hund wurde die Speichelflussreaktion auf den Klingelton gelöscht. Als er Tage später einen Klingelton hört, zeigt er sie wieder.

Merke!

Reizgeneralisierung, Reizdiskrimination und Ex-

1 Theoretische Grundlagen

> tinktion sind Mechanismen, die sowohl bei klassisch konditionierten Verhaltensweisen als auch bei operant gelerntem Verhalten existieren.

1.2.5 Modelllernen/Sozial-kognitive Lerntheorie

Die sozial-kognitive Lerntheorie wurde von Albert Bandura entwickelt. Die Grundidee dabei ist folgende: Ein Verhalten kann auch stellvertretend **durch Beobachtung** gelernt werden, ohne dass das Individuum die Konsequenzen des Verhaltens selber erleben muss **(Modelling-Effekt)**. Das geschieht, indem das Individuum das Modellverhalten und die folgenden Konsequenzen beobachtet. Über Modelllernen kann man erklären, wie sich Menschen neue Verhaltensweisen aneignen, ohne jeweils im Versuch-und-Irrtum-Verfahren alle Möglichkeiten ausprobieren zu müssen. Allein die Beobachtung eines Modells und der Konsequenzen, die auf sein Verhalten folgen, reichen aus, um verstärkte Verhaltensweisen zu übernehmen und bestrafte Verhaltensweisen zu unterlassen.

1.3 Kognition

Die Kognitionspsychologie umfasst alle höheren Prozesse der Informationsaufnahme und -verarbeitung (z. B. Wahrnehmung, Gedächtnis, Sprache, Denken, Problemlösen).

1.3.1 Wahrnehmung

Als Wahrnehmungsprozesse werden alle Prozesse bezeichnet, mit denen der ungeordnete Input der äußeren Welt (visuelle, akustische, taktile Informationen etc.) über die Sinnesorgane aufgenommen und organisiert wird. Die Organisation dieser Informationen ist wichtig, um möglichst schnell zu einem interpretierbaren Eindruck zu kommen (z. B. ein Muster aus visuell wahrgenommenen Punkten und Flächen wird als Person erkannt).

Die **Gestaltpsychologie** hat untersucht, nach welchen Prinzipien Menschen visuelle Informationen organisieren, d. h., nach welchen Regeln wir Elemente als zusammengehörig oder getrennt wahrnehmen.

– **Prinzip der Prägnanz:** Wenn mehrere Interpretationen möglich sind, werden die Elemente nach der einfachsten Organisationsmöglichkeit wahrgenommen („law of good figure": zwei sich überlappende Kreise werden z. B. als zwei Kreise und nicht als eine komplexe Form interpretiert).
– **Prinzip der Ähnlichkeit:** Ähnliche Elemente werden als zusammengehörig wahrgenommen.
– **Prinzip der Nähe:** Elemente, die nah beieinander liegen, werden als zusammengehörig wahrgenommen.
– **Prinzip der Geschlossenheit:** Wir bevorzugen geschlossenen Formen oder Figuren. Entsprechend werden fehlende Randkonturen einfach ergänzt.
– **Prinzip des „gemeinsamen Schicksals":** Elemente, die sich in der gleichen Richtung bewegen, werden als zusammengehörig wahrgenommen (z. B. Vögel, die im Schwarm fliegen).
– **Prinzip der Vertrautheit:** Wenn wir es gewohnt sind, bestimmte Elemente häufig gemeinsam vorzufinden, so nehmen wir sie als vertraute Gruppe war.

Wahrnehmungsabwehr

Der Begriff Wahrnehmungsabwehr bezeichnet die erschwerte (langsamere) Wahrnehmung von Reizen, die eine negative Bedeutung haben oder tabuisiert sind. (Wörter wie z. B. „Hure", „Sex" oder „Verbrechen" werden in Reaktionszeitexperimenten langsamer erkannt als neutrale Begriffe oder Wörter mit positiver Bedeutung.)

1.3.2 Positiver und negativer Transfer

Transfer bezeichnet die Übertragung von gelerntem Verhalten auf eine ähnliche Situation.

1.3.3 Intelligenz

Unterschieden werden positiver und negativer Transfer:
- **Positiver Transfer** bedeutet, dass gelerntes Verhalten erfolgreich auf eine neue Situation übertragen wird.

Beispiel
Beim Fahren mit einem neuen Auto überträgt man die Handlungen des Gasgebens, Schaltens, Lenkens etc. vom alten Auto.

- **Negativer Transfer** bedeutet, dass gelerntes Verhalten auf eine neue Situation übertragen wird, in der es nicht passt.

Beispiel
Aufgrund vorheriger Bearbeitung einer schwierigen Aufgabe wird beim Lösen einer leichten Aufgabe ein zu komplizierter Lösungsweg gewählt.

1.3.3 Intelligenz

Intelligenz kann man als allgemeine geistige Anpassungsfähigkeit an neue Aufgaben und Lebensbedingungen (William Stern) definieren. Es gibt verschiedene Auffassungen darüber, wie Intelligenz gegliedert ist. Je nachdem, was man alles zu Intelligenz zählt, sieht auch die Messung des Merkmals unterschiedlich aus. In diesem Unterkapitel wird deswegen auch erläutert, was der IQ-Wert als Testergebnis über die Intelligenz aussagt.

Intelligenzmodelle

Die folgenden drei Modelle zur Beschreibung von Intelligenz unterscheiden sich darin, ob sie einen Generalfaktor postulieren (Zweifaktorentheorie) oder annehmen, dass es mehrere gleichwertige und relativ unabhängige Intelligenzbereiche gibt (Primärfaktorenmodell). Ein weiteres Modell geht von verschiedenen Arten von Intelligenz aus, die sich über das Lebensalter unterschiedlich entwickeln (fluide und kristalline Intelligenz).

Generalfaktorentheorie/Zweifaktorentheorie (Spearman)

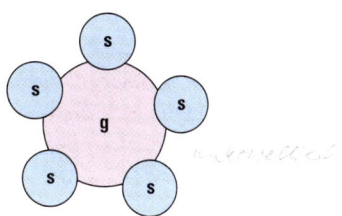

Abb. 5: Generalfaktormodell

medi-learn.de/6-psycho2-5

Spearman ging davon aus, dass Intelligenzleistungen sich aus zwei Komponenten zusammensetzen:
- einem generellen (= g) Faktor und
- mehreren spezifischen (= s) Faktoren.

Der **Generalfaktor (g-Faktor)** ist an allen Intelligenzleistungen beteiligt, spezifische Faktoren (s) decken dagegen jeweils ein spezielles Gebiet ab und sind untereinander statistisch unabhängig (unkorreliert).

Modell der multiplen Faktoren/Primärfaktorentheorie (Thurstone)

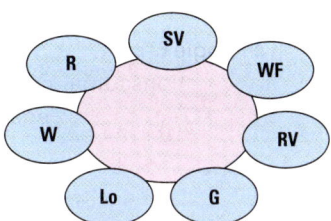

Die 7 Primärfaktoren lauten:
- Rechenfähigkeit (R)
- Sprachverständnis (SV)
- Wortflüssigkeit (WF)
- räumliche Vorstellung (RV)
- Gedächtnis (G)
- Logisches Denken (Lo)
- Wahrnehmungsgeschwindigkeit (W)

Abb. 6: Mehrfaktorenmodell

medi-learn.de/6-psycho2-6

1 Theoretische Grundlagen

Louis Thurstone ging davon aus, dass Intelligenz aus sieben voneinander unabhängigen Komponenten (primary mental abilities) besteht. Menschen können nach dieser Auffassung in einem Bereich besonders begabt sein, während sie in einem anderen nur durchschnittliche oder unterdurchschnittliche Leistungen erbringen.

> **Merke!**
>
> Kreativität gehört in keinem Modell zu den Intelligenzfaktoren.

Kristalline und fluide Intelligenz (Cattell)

Raymond Cattell nahm an, dass es zwei Arten von Intelligenz gibt, die sich substanziell unterscheiden:
- **Kristalline Intelligenz** ist kulturabhängig (z. B. unterscheidet sich das kristalline Wissen je nach Land und Schulsystem) und wird durch Erfahrung erworben. Sie umfasst Wissen und nimmt auch im Erwachsenenalter zu.
- **Fluide Intelligenz** ist kulturunabhängig, umfasst basale Fähigkeiten (logisches Denken, geistige Beweglichkeit, Orientierung in neuen Situationen), nimmt im Alter ab und unterliegt bei über 60-Jährigen einem starken Abbau.

> **Merke!**
>
> Fluide Intelligenz baut mit dem Alter stärker ab. Die Höhe der kristallinen Intelligenz bleibt auch im Alter weitestgehend konstant.

Intelligenztests

Zur Messung der Intelligenz gibt es verschiedene Testverfahren. Zwei davon werden hier dargestellt:
- der Hamburg-Wechsler-Intelligenztest (HAWI) und
- der Intelligenz-Struktur-Test (IST).

Diese beiden gehören zu den am häufigsten eingesetzten Testverfahren zur Erfassung allgemeiner Intelligenz.

HAWIE/HAWIK (Hamburg-Wechsler-Intelligenztest für Erwachsene/Kinder)

Der HAWIE/K besteht aus einem Verbal- und einem Handlungsteil. Verbal-IQ und Handlungs-IQ können getrennt berechnet werden. Zu den Verbaltests gehören z. B. der Wortschatz („Was bedeutet Katalog?") und Allgemeinwissen („Warum wäscht man Kleider?"). Zu den Handlungstests gehören Aufgaben wie das Nachlegen eines Mosaiks oder das Ordnen von Bildern. Die Tests haben alle ein freies Antwortformat und werden als Einzeltests durchgeführt. HAWIE und HAWIK sind auf einen Mittelwert von 100 und eine Standardabweichung von 15 normiert.

IST (Intelligenzstrukturtest von Amthauer)

Der IST hat eine Mehrfaktoren-Struktur: Er besteht aus einem verbalen, einem numerischen, einem figuralen und einem Gedächtnisteil. Für alle Teile werden einzelne IQ-Werte berechnet, sodass eine **Profilbildung** möglich ist. Das Antwortformat des IST ist größtenteils „multiple-choice" (vier Auswahlantworten, von denen eine angekreuzt werden soll). Dadurch ist der IST ein sehr ökonomisches Verfahren, das häufig als **Gruppentest** (gleichzeitige Testung mehrerer Probanden, die jedoch alle alleine arbeiten) durchgeführt wird. Der Mittelwert liegt bei 100, die Standardabweichung bei zehn.

Intelligenzquotient (IQ)

Der IQ ist eine Maßzahl für die Leistung in einem Intelligenztest im Verhältnis zur Leistung der eigenen Altersgruppe. Um den IQ zu berechnen braucht man daher in jedem Fall die Normierung der entsprechenden Altersgruppe. Es gibt zwei verschiedene Arten, den IQ zu berechnen:
- **Klassischer IQ (Binet, Stern):**

$$\frac{\text{Intelligenzalter}}{\text{Lebensalter}} \cdot 100$$

Das Intelligenzalter wird durch einen Test ermittelt, bei dem die einzelnen Aufgaben nach ihrer Lösbarkeit für ein bestimmtes Alter definiert sind. Beispiel: Aufgaben, die Sechsjährige im Durchschnitt lösen können, Fünfjährige aber noch nicht, werden zur Messung des Intelligenzalters von sechs Jahren eingesetzt.

Beispiel
Peter ist sieben Jahre alt und löst alle Aufgaben für Neunjährige:

$$\frac{9}{7} \cdot 100 = 128{,}5$$

Hans ist sieben Jahre alt und löst nur Aufgaben für Fünfjährige:

$$\frac{5}{7} \cdot 100 = 71{,}4$$

– **Der Abweichungs-IQ (Wechsler-IQ):** Der Wert eines Probanden im IQ-Test wird mit dem normierten Mittelwert (= 100) seiner Altersgruppe verglichen. Das bedeutet, dass ein individueller IQ-Wert immer nur in Bezug auf die eigene Altersgruppe interpretierbar ist. Der Abweichungs-IQ wird heutzutage benutzt, um beispielsweise im HAWI oder IST den Wert des Probanden zu berechnen.

Übrigens ...
Der IQ sagt nur etwas über die relative Position eines Probanden in Bezug auf seine Referenzgruppe (z. B. 15-jährige Gymnasiasten) aus. IQ-Werte von Probanden, die mit unterschiedlichen Referenzgruppen verglichen werden, kann man nicht direkt miteinander vergleichen (z. B. IQ eines 15-jährigen Gymnasiasten mit dem eines 17-jährigen Realschülers).

Intelligenz und Leistung

Empirisch lässt sich ein stabiler Zusammenhang zwischen Werten in Intelligenztests und anderen Leistungsbewertungen (z. B. Schulnoten, Studienabschluss, Berufserfolg) feststellen. Dieser liegt jedoch deutlich unter einer Korrelation von r = 1.0 (je nach Kriterium um r = 0.4 bis 0.7).
In manchen Fällen klaffen Intelligenz und gezeigte Leistung jedoch unerwartet stark auseinander:
– Als **Underachiever** werden Schüler bezeichnet, deren Schulleistung schlechter ist, als aufgrund ihrer Intelligenz zu erwarten wäre (z. B. aufgrund mangelnder Motivation).
– Als **Overachiever** bezeichnet man Schüler, deren Schulleistungen besser sind, als aufgrund ihrer Intelligenz zu erwarten wäre (z. B. aufgrund hoher Angepasstheit und Fleiß).

1.4 Emotion

In diesem Kapitel werden zunächst die Kennzeichen und Bestandteile von Emotionen vorgestellt und eine allgemeine Theorie zur Entstehung von Emotionen erläutert. Der zweite Teil widmet sich dann spezifischen Emotionen wie der Angst und der Depression. Dabei stehen Störungsbilder, die das emotionale Erleben betreffen, im Mittelpunkt.

1.4.1 Komponenten der Emotion

Emotionen lassen sich in verschiedene Komponenten unterteilen, die hier an der Emotion „Angst" beispielhaft verdeutlicht werden:
– **subjektives Gefühl** (Gefühl von Bedrohtsein),
– **kognitive Komponente** (Bewertung, Gedanken – z. B. „Das ist eine gefährliche Situation. Ich weiß nicht, wie ich mich wehren kann."),
– **physiologische Komponente** (erhöhter Muskeltonus, Zunahme der Hautleitfähigkeit, Schweißausbruch, erhöhte Herzfrequenz, beschleunigter Puls etc.),
– **Ausdruckskomponente** (Mimik, z. B. Hochziehen der Augenbrauen, Öffnen des Mundes) und

1 Theoretische Grundlagen

– **Motivationale-/Verhaltenskomponente** (Kampf oder Flucht).

> **Merke!**
>
> Die Ausdruckskomponente ist die wichtigste Komponente zur Klassifikation der Emotion.

1.4.2 Die 6 Primär-/Basisemotionen

Alle Basisemotionen sind kulturell unabhängig, das heißt, sie werden von Menschen aller Kulturen gezeigt und auch ähnlich interpretiert. Jede dieser Emotionen ist über spezielle Muskelgruppen definiert. Beispielsweise wird Überraschung mimisch über ein Heben der Augenbrauen, das Senken des Unterkiefers und das Heben der Oberlider definiert. Primäremotionen sind **genetisch angelegt** und werden daher NICHT durch Nachahmung gelernt. Zu ihnen gehören:
– Freude/Glück,
– Trauer,
– Angst,
– Wut/Ärger,
– Ekel und
– Überraschung.

Alle anderen Emotionen – wie Schuldgefühle, Depression und Neid – gehören NICHT zu den primären Emotionen, sondern sind gelernte Mischgefühle.

Wenn du dir nicht sicher bist, ob eine Emotion zu den Basisemotionen oder den Mischgefühlen gehört, kannst du einfach mal überlegen, ob dir dazu spontan der „richtige Gesichtsausdruck" einfällt. Bei den Basisemotionen sollte das leicht fallen, bei Mischgefühlen dagegen nicht.

1.4.3 Emotionstheorien

Emotionen werden immer von physiologischen Veränderungen begleitet. Hiermit ist es wie mit der Frage nach der Henne und dem Ei. James & Lange (1884) gehen davon aus, dass physiologische Reaktionen unwillkürlich einsetzen und erst die Wahrnehmung und Interpretation dieser physiologischen Veränderung die Emotion auslöst. Laufen wir z. B. vor einem Bären fort, schließen wir daraus, dass wir Angst vor dem Bären haben müssen. „Woher soll ich wissen, was ich fühle, bevor ich sehe, was ich tue?"

Cannon & Bard (1927) postulieren, dass zunächst die Emotion vorhanden ist und diese dann den physiologischen Zustand verändert. Ich fühle, also reagiere ich.

Schachter & Singer (1962) bilden schließlich die Synthese bisheriger Ansätze und postulieren die Zwei-Faktoren-Theorie der Emotion. Sie nehmen an, dass Emotionen aus:
1. einer **unspezifischen physiologischen Erregung** aufgrund einer bestimmten Wahrnehmung und
2. einer **kognitiven Bewertung** des Erregungszustands, die abhängig vom unmittelbaren Kontext ist, bestehen.

> **Beispiel**
>
> Schachter & Singer konnten in einem Experiment zeigen, dass Menschen, die vorher über eine gefährliche Brücke gingen und aufgrund des Risikos eine physiologische Erregung spürten, diese Erregung häufig auf eine junge, hübsche Interviewerin zurückführten, die sie am Ende der Brücke in ein Gespräch verwickelte. Personen, die vorher keine Gefahrensituation erlebt hatten, bewerteten dieselbe Interviewerin im Schnitt als weniger attraktiv.
>
> Vereinfacht lautet ihre Theorie also: Erst kommt die physiologische Erregung, dann suche ich in meiner Umgebung dafür eine Erklärung. Je nachdem, was sich als Erklärung anbietet, wird das unspezifische Gefühl als Angst, Ärger, Freude, Überraschung etc. interpretiert.

1.4.4 Angst

Die Emotion der Angst ist sehr vielfältig. Man unterscheidet zwischen funktionalen

1.4.4 Angst

– also für das Überleben wichtige – Formen der Angst und übertriebener pathologischer Angst, die für das Individuum einschränkend ist (= Angststörung).

Unterscheidung verschiedener Angstformen

Angst kann man danach unterscheiden, ob sie sich auf etwas Bestimmtes richtet oder nicht. Zudem gibt es bestimmte Angstformen, die während der kindlichen Entwicklung auftreten. Die „Vokabeln zur Angst" lauten:
- **Realangst** oder **Furcht** = funktionale, angemessene Angst vor speziellem Objekt/Situation
- **frei flottierende Angst** = ungerichtete Angst, wobei nicht gesagt werden kann, wovor
- **6-Monats-Angst** oder **Trennungsangst** = Kind hat Angst, wenn die Mutter (primäre Bezugsperson) geht; tritt um den sechsten Lebensmonat auf.
- 8-Monats-Angst oder Fremdeln = Kind bekommt Angst vor Fremden (zeigt, dass es in der Lage ist, zwischen bekannten und fremden Personen zu differenzieren); tritt um den achten Lebensmonat auf.
- Angst-Trait (Trait = Eigenschaft) bezeichnet eine persönlichkeitsbezogene Angstbereitschaft.
- Angst-State (State = Zustand) bezeichnet einen situativen Angstzustand.

Angststörungen

Angst ist grundsätzlich eine normale und funktionale Emotion. Ist sie allerdings extrem ausgeprägt, kann sie für das Individuum zum Problem werden. Von einer Angststörung spricht man dann, wenn die betroffene Person sich durch Angst in ihrem Leben eingeschränkt fühlt und die erlebte Angst übertrieben und unangemessen erscheint. Dabei werden verschiedene Angststörungen unterschieden:
Die **Phobie** ist eine unangemessene Angst vor einem speziellen Objekt oder einer speziellen Situation (Spinnenphobie, Blutphobie, Agoraphobie = Angst vor öffentlichen Orten s. u.). Die Entstehung von Phobien wird lerntheoretisch über den Mechanismus des klassischen Konditionierens oder über Modelllernen erklärt. Beispiel: Der Anblick einer vorher neutralen Spinne lässt die Mutter aufschreien. Der Schrei ist der unkonditionierte Reiz, bei dem das Kind erschrickt. Durch eine Kopplung von Spinne und Schrei wird die Angst auf den Anblick der Spinne übertragen.

Die Aufrechterhaltung von Phobien oder die Frage, warum es nicht schnell zu einer Löschung/Extinktion der gelernten Reaktion kommt, wird lerntheoretisch folgendermaßen erklärt: Der betroffene Patient meidet oder flieht vor angstauslösenden Situationen. Diese Vermeidung oder Flucht führt zur Angstreduktion (= eine unangenehme Emotion nimmt ab), die wiederum das Vermeidungsverhalten (negativ) verstärkt. **Prepared-Reize** lösen häufig unangemessene Furchtreaktionen aus. Spinnen sind hier das klassische Beispiel.

Bei der **Panikstörung** treten plötzliche Angstattacken auf, ohne dass die Person ein spezielles auslösendes Objekt oder eine Situation benennen könnte. Sie kommen „wie aus heiterem Himmel" und gehen mit starken physiologischen Symptomen (Herzrasen, Schwindel, Schwitzen, Zittern etc.) und dem Gefühl von Todesangst einher. Panikattacken treten häufig in Ruhesituationen auf.

> **Übrigens ...**
> Agoraphobie (Angst vor öffentlichen Orten) tritt häufig gemeinsam mit einer Panikstörung auf (hohe Komorbidität). In solchen Fällen haben Patienten Angst vor öffentlichen Orten, da sie dort bei einer Panikattacke keine Hilfe finden oder sich blamieren würden.

Patienten mit **Zwangsstörungen** leiden unter wiederkehrenden Zwangshandlungen oder Zwangsgedanken (z. B. Wasch-, Kontrollzwang, bei denen sie immer wieder dieselben Wasch- oder Kontrollhandlungen durchführen), die von ihnen als übertrieben erlebt werden und die sie in ihrer Lebensführung einschränken.

1 Theoretische Grundlagen

Zwangsstörungen zählen zu den Angststörungen, da ein Unterdrücken der Zwangshandlungen zu starker Angst führt. Die Handlungen und Gedanken werden ausgeführt, um diese Angst zu vermeiden.

Die **posttraumatische Belastungsstörung (PTBS)** ist eine Angststörung, die nach traumatischen Erfahrungen (z. B. Unfall, Verbrechen) auftritt. Ihre Symptomatik besteht aus unwillkürlich wiederkehrenden Erinnerungen an das traumatische Ereignis, die zum Teil wie ein plötzlicher Film vor dem geistigen Auge ablaufen („Flashbacks"), obwohl die Patienten versuchen, mit dem Trauma verbundene Aktivitäten zu vermeiden. Gleichzeitig erleben die Patienten eine emotionale Gleichgültigkeit gegenüber ihrer Umwelt.

Die **generalisierte Angststörung** ist nicht auf ein bestimmtes Objekt gerichtet, sondern beschreibt eine nicht konkret begründete Angst vor Unfällen, Erkrankungen oder Katastrophen. Sie ist weniger von physiologischen Erscheinungen begleitet.

**Repression – Sensitization:
Verhaltensstil beim Umgang mit Angst**

Individuen gehen mit bedrohlichen Situationen unterschiedlich um. Die Dimension Repression versus Sensitization beschreibt diese verschiedenen Verhaltensstile. Dabei bilden Verleugnung (Repression) und ängstliche Aufmerksamkeit (Sensitization) die Extrempole eines Kontinuums.
- **Represser** unterdrücken/verdrängen Angstgefühle. Sie verleugnen, dass überhaupt ein Grund zur Sorge besteht.
- **Sensitizer** beschäftigen sich intensiv mit ihrer Angst, suchen gezielt Informationen zum Angstobjekt/-thema und fürchten Kontrollverlust.

Beispiel
Patient A (Sensitizer) lässt sich vor einer Operation im Detail über alle möglichen Risiken informieren. Patient B (Represser) legt Broschüren zu den Risiken von gesundheitsschädigendem Verhalten einfach ungelesen zur Seite.

1.4.5 Depressionen

Depressionen gehören zu den häufigsten psychischen Störungen. Zur Symptomatik zählen **negative Emotionen** wie Trauer und Hoffnungslosigkeit, verminderter Antrieb und geringes Selbstwertgefühl. Depressive Menschen leiden häufig unter Schuldgefühlen und allgemeiner Freudlosigkeit. Auch ihr Denken ist beeinträchtigt: Sie neigen dazu, negative Ereignisse extrem zu betonen (**Übergeneralisierungsfehler**) und positive Dinge kaum wahrzunehmen.
Diese negative Sicht auf sich (1) selbst, (2) die Umwelt und (3) die Zukunft bezeichnet Beck im Rahmen der kognitiven Verhaltenstherapie als so genannte „kognitive Triade".

Diese Symptomatik muss mindestens zwei Wochen anhalten, um als Depression diagnostiziert zu werden. Depression führt auch zu einer langfristigen Aktivierung des Sympathikus und der Hypothalamus-Hypophysen-Nebennierenrinden-Achse. Die hierdurch verursachte Cortisolausschüttung begünstigt einen erhöhten Blutdruck, eine geringere Herzfrequenzvariabilität und Endothelschäden. Damit geht die Depression auch mit einem erhöhten Herz-Kreislauf-Risiko einher. Die Prävalenz von Depressionen ist bei Frauen deutlich höher als bei Männern. Erklärungsansätze zur Entstehung depressiver Störungen gibt es einige. Hier wird aber nur die physikumsrelevante Theorie erlernter Hilflosigkeit vorgestellt.

**Theorie der erlernten/gelernten
Hilflosigkeit (Seligman)**

Die Theorie erlernter Hilflosigkeit basiert auf Erkenntnissen aus Tierversuchen:
Aus diesen Versuchen leitete der Psychologe Martin Seligman ab, dass bei **fehlender Kon-**

trolle über die Konsequenzen des eigenen Verhaltens ein Organismus (Mensch und Tier) erlernte Hilflosigkeit ausbildet.

Übertragen auf die Entstehung von Depressionen bedeutet das, dass Menschen, die den Eindruck haben, keine Kontrolle über die Konsequenzen ihres Verhaltens zu haben (z. B. „Egal, was ich tue, ich kann meine Lage doch nicht ändern."), durch diese Erfahrung der Unkontrollierbarkeit eine depressive Symptomatik ausbilden.

Die Symptome der erlernten Hilflosigkeit sehen folgendermaßen aus:
- emotionales Defizit (Freudlosigkeit),
- motivationales Defizit (Fehlen zielgerichteter Aktivität),
- kognitives Defizit (verzögertes Lernen von aktivem Vermeidungsverhalten) und
- neurobiologische Veränderungen wie bei Depressiven (Verringerung des Noradrenalingehalts im ZNS).

Beispiel

Ratten befanden sich in einem zweiteiligen Käfig, in dem die eine Hälfte mit einer elektrifizierbaren Bodenplatte ausgelegt war. In der ersten Versuchsphase wurde die eine Hälfte unter Strom gesetzt. Die Ratten lernten, in die sichere Käfighälfte zu flüchten um den Stromschlägen zu entkommen. In der zweiten Phase wurden sie auf der elektrifizierbaren Platte festgeschnallt. Sie waren nun den Stromschlägen hilflos ausgesetzt. Danach wurden sie wieder frei gelassen. Interessanterweise zeigte sich, dass die wieder frei beweglichen Ratten jetzt jedoch nicht mehr in die sichere Käfighälfte flüchteten, sondern „hilflos" die Stromschläge erduldeten.

> **Merke!**
>
> Erlernte Hilflosigkeit führt NICHT zu aggressivem Verhalten.

1.4.6 Trauer und Phasen der Auseinandersetzung mit dem Tod

Im Gegensatz zur Depression ist Trauer eine normale und funktionale Emotion, die bei Verlust wichtiger Bezugspersonen gezeigt wird. Evolutionsbiologisch kann man ihre Funktion darin sehen, dass Trauer eine auffordernde Wirkung auf andere Gruppenmitglieder ausübt, das trauernde Individuum zu unterstützen. Als Trauerarbeit wird der aktive emotionale Verarbeitungsprozess bei Verlust eines Beziehungsobjekts (Objekt steht hier auch für Personen) bezeichnet.

Sterbephasen nach Kübler-Ross

Elisabeth Kübler-Ross hat durch Interviews mit sterbenden Menschen eine Art Phasenabfolge in der Auseinandersetzung mit dem eigenen Tod gefunden. Sie gliedert sich in die folgenden fünf Phasen:
1. Phase der Abwehr/nicht-wahrhaben-Wollen,
2. Protestphase/Zorn,
3. Phase des Verhandelns,
4. Depression und
5. Akzeptieren.

DAS BRINGT PUNKTE

Das **Lernkapitel** ist eines der zentralen Kapitel dieses Skripts. Du brauchst die **Grundlagen des Lernens** nicht nur, um damit im Schriftlichen zu punkten, sondern auch, um die darauf aufbauenden Maßnahmen der Verhaltenstherapie zu verstehen und damit ebenfalls Punkte sammeln zu können.

Besonders wichtig ist die Unterscheidung von klassischem und operantem Konditionieren:
- **Klassisches Konditionieren** basiert auf der Assoziation von neutralem und unkonditioniertem/unbedingtem Reiz.
- **Operantes Konditionieren** steht für Lernen aufgrund der Konsequenzen eines Verhaltens (Verstärkung und Bestrafung).

Mach dir bitte auf jeden Fall den **Mechanismus der negativen Verstärkung** klar:
- Negative Verstärkung bedeutet, dass als Folge eines Verhaltens ein als negativ/aversiv erlebter Reiz aufhört, wodurch die Häufigkeit des Verhaltens steigt. Beispiel: Weil durch die Einnahme eines Medikaments der Schmerz (aversiver Reiz) verschwindet, nimmt man das Mittel immer häufiger.

Das **Gedächtnis** ist als Fragenthema in den letzten Jahren immer wichtiger geworden. Speziell die Unterteilungen in die verschiedenen Speicher (s. 1.1.2, S. 2) solltest du dir gut einprägen.
Außerdem wurden die Intelligenztests (HAWIE/K und IST) mit ihren Charakteristika immer wieder gerne gefragt.

Die sechs **Basisemotionen** solltest du dir ganz besonders genau anschauen. Auch die **Angststörungen** und ihre jeweilige Symptomatik sind sehr wichtig. Deswegen noch einmal in Kurzform die wichtigsten Merkmale:
- Phobie: Dies ist die Angst vor etwas Speziellem (Objekt, Situation).
- Panikstörung: Hier treten starke Angstanfälle auf, ohne dass der Patient den Auslöser benennen kann.
- Zwangsstörung: Dazu gehören übertriebene Zwangshandlungen und -gedanken, die der Patient ausführt oder denkt, um etwas Schreckliches abzuwenden.
- Posttraumatische Belastungsstörung: Hier erlebt der Patient Angstattacken nach einem traumatischen Ereignis.

Mehr Cartoons unter www.medi-learn.de/cartoons

Pause

Erste Pause!
Hier was zum Grinsen für Zwischendurch ...

1.5 Motivation

Die Motivationspsychologie beschäftigt sich mit den Fragen, warum jemand etwas tut, warum man sich bei mehreren Handlungsmöglichkeiten für eine bestimmte entscheidet und warum man manche Handlungen mit größerer Intensität verfolgt als andere. Es geht also um Fragen der
- Zielsetzung,
- Wahl und
- Ausführung von Handlungen.

Als Motiv bezeichnet man den Antrieb, eine Handlung auszuführen. Primäre (= biologische) Motive wie Hunger, Durst, Sauerstoff und Sexualität sind angeboren. Alle primären Motive mit Ausnahme der Sexualität sind darauf ausgerichtet, ein inneres Gleichgewicht (= Homöostase) zu erhalten. Sinkt z. B. der Blutzuckerspiegel, so empfindet man Hunger und hat den Antrieb, etwas zu essen. Ergänzend zu den primären Motiven gibt es noch sekundäre (= psychologische) Motive, wie das Streben nach Macht und Leistung oder den Wunsch nach Geselligkeit und sozialer Anerkennung. In der Motivationspsychologie gibt es verschiedene Theorien, die aus unterschiedlichen Perspektiven erklären, warum es zur Auswahl und Durchführung verschiedener Handlungen kommt.

> **Merke!**
>
> Ein Verhalten bezeichnet man als intrinsisch motiviert, wenn der Spaß in der Tätigkeit (Fernsehen, Spazierengehen) selbst liegt. Extrinsische Motivation liegt vor, wenn der angestrebte Nutzen (Bezahlung, Anerkennung) nicht Teil des Verhaltens ist.

1.5.1 Ethologischer Ansatz (Vergleichende Verhaltensforschung)

Der ethologische Ansatz versucht, jedes Verhalten durch angeborene Instinkte zu erklären. Die Erkenntnisse basieren dabei größtenteils auf Verhaltensforschung an Tieren. Allerdings gibt es auch im menschlichen Verhalten einige Beispiele instinktbedingter Verhaltensweisen.

Instinkthandlungen

Als Instinkthandlungen werden **angeborene Verhaltensweisen** bezeichnet, die innerhalb einer Spezies stark standardisiert ablaufen. Beim Menschen gehört dazu beispielsweise das Saugverhalten des Neugeborenen.
Ablauf einer Instinkthandlung: Ausgangsbasis ist ein physiologischer Mangelzustand/Triebspannung (z. B. Hunger).
1. Ungerichtetes **Appetenzverhalten**: Der Säugling pendelt mit dem Kopf hin und her, um möglicherweise eine Befriedigung seines Hungerbedürfnisses zu finden.
2. **Schlüsselreiz**: Im Falle des Säuglings ist die Brustwarze der Mutter der Schlüsselreiz.
3. **Angeborener Auslösemechanismus** (AAM): Sobald der Schlüsselreiz auftaucht, läuft ein genetisch determiniertes Programm ab (Kind beginnt zu saugen und zu schlucken).
4. **Endhandlung**: Der Säugling trinkt und das Mangelbedürfnis (Hunger) wird gestillt.

Nach der Endhandlung ist der Handlungsantriebsabfall am größten. Herrscht dann allerdings immer noch ein Mangelzustand, beginnt die Instinkthandlung von vorn. Man spricht daher auch vom Motivationszyklus, dessen Reihenfolge du dir gut einprägen solltest: Motiv, Appetenzverhalten, Schlüsselreiz, AAM und Endhandlung.

> **Übrigens ...**
> Im Falle des Säuglings ist die Brustwarze der Schlüsselreiz. Solche Schlüsselreize können durch Attrappen ersetzt werden. So löst z. B. auch ein Gummischnuller das Saugverhalten des Säuglings aus.

Übersprunghandlungen

Wenn zwei konkurrierende Bedürfnisse gleichzeitig auftreten, deren Endhandlungen nicht miteinander vereinbar sind (z. B. Schwanken zwischen Flucht und Angriff), kommt es zu Übersprunghandlungen (z. B. nervöses Kopfkratzen). Die Übersprunghandlung befriedigt dabei keines der beiden Bedürfnisse.

Leerlaufhandlungen

Wenn die Triebspannung oder das Bedürfnis extrem stark sind, aber kein Schlüsselreiz den AAM auslöst, kann es zu Leerlaufhandlungen kommen, bei denen eine Instinkthandlung ohne vorherigen Schlüsselreiz ausgelöst wird. Beispiel: Säugling beginnt „trocken" zu schlucken.

1.5.2 Humanistische Motivationstheorie: Bedürfnishierarchie nach Maslow

Die Theorie des Psychologen Abraham Maslow besagt, dass alle Menschen Bedürfnisse haben, die man in einer Hierarchie darstellen kann. Dabei müssen untere Bedürfnisse erfüllt sein, damit obere Bedürfnisse relevant werden (s. Abb. 7, S. 20). Beispielsweise kümmert man sich um zufriedenstellende soziale Kontakte erst, wenn der Hunger gestillt ist.
Die unteren vier Stufen werden als Defizitbedürfnisse bezeichnet: Sie motivieren das Verhalten, solange ein Defizit besteht. Ist dieses gestillt, sind sie nicht mehr wirksam.

> **Merke!**
>
> Das oberste Bedürfnis – die **Selbstverwirklichung oder Selbstaktualisierung** – ist ein Wachstumsbedürfnis: Es kann nie vollständig gestillt werden, sondern motiviert immer weiter dazu, entsprechendes Verhalten zu zeigen.

1.5.3 Leistungsmotivation

Die Theorie der Leistungsmotivation geht davon aus, dass Menschen ein angeborenes Leistungsmotiv haben, also ein Bedürfnis, sich in Leistungssituationen zu beweisen. Dabei sind Leistungssituationen solche, in denen man sich mit einem Gütemaßstab auseinander setzen kann (Vergleichsmöglichkeit, ob man besser oder schlechter ist). Das Leistungsmotiv besteht wiederum aus zwei Motiven, die bei verschiedenen Menschen unterschiedlich ausgeprägt sind. Das sind

– **Hoffnung auf Erfolg:** Menschen mit hoher Ausprägung werden als Erfolgsorientierte bezeichnet. Sie strengen sich an, um Erfolge zu erzielen.
– **Angst vor Misserfolg:** Menschen mit hoher Ausprägung werden als Misserfolgsorientierte bezeichnet. Sie strengen sich an, um Misserfolge zu vermeiden.

Erfolgs- und misserfolgsorientierte Personen unterscheiden sich systematisch in ihrem Verhalten:

Erfolgsorientierte Personen

– setzen sich realistische Ziele (realistisches Anspruchsniveau),
– wählen Aufgaben von mittlerer Schwierigkeit,
– attribuieren Erfolge auf ihre eigene Person, z. B. ihre Fähigkeit oder Anstrengung (internal),
– attribuieren Misserfolge auf äußere Faktoren (external).

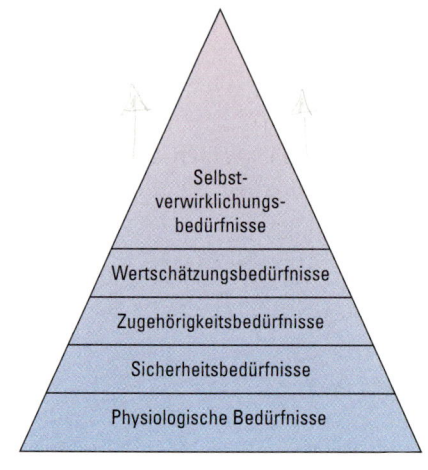

Abb. 7: Bedürfnispyramide nach Maslow

medi-learn.de/6-psycho2-7

Misserfolgsorientierte Personen

- setzen sich unrealistisch hohe oder zu niedrige Ziele,
- wählen besonders leichte oder besonders schwere Aufgaben,
- attribuieren Erfolge auf äußere Faktoren (external),
- attribuieren Misserfolge auf ihre eigene (Un-)Fähigkeit und/oder mangelnde Anstrengung (internal).

> **Beispiel**
> Ich habe besser gekreuzt als erwartet,
> - weil dieses Frühjahr das Physikum ziemlich leicht war (externale Attribution bei Erfolg, typisch für Misserfolgsorientierte).
> - weil ich mich so gut vorbereitet hatte (internale Attribution bei Erfolg, typisch für Erfolgsorientierte).

Erfolgsorientierte bevorzugen eine mittlere Aufgabenschwierigkeit, Misserfolgsorientierte eine hohe oder niedrige Aufgabenschwierigkeit. Diese Unterschiede kann man folgendermaßen erklären: Erfolgsorientierte haben Interesse daran, ihre Leistungsfähigkeit zu testen. Dazu eignen sich am besten Aufgaben mit mittlerer Schwierigkeit, bei denen es eine 50/50-Chance gibt, sie zu schaffen oder nicht. Misserfolgsorientierte möchten am liebsten gar nicht genau wissen, wie gut sie wirklich sind. Um eine Diagnose ihrer Leistungsfähigkeit zu vermeiden, wählen sie entweder extrem leichte Aufgaben, bei denen kaum ein Risiko besteht, sie nicht zu schaffen, oder so schwere Aufgaben, dass ein Versagen nicht so schlimm wäre, da sowieso kaum jemand diese Aufgabe schafft.

1.5.4 Attributionstheorie

Die Attributionstheorie beschäftigt sich mit der Frage, welche Erklärungen Menschen für das Eintreten von Ereignissen haben. Es geht also darum, wie man beispielsweise begründet, warum man eine Prüfung erfolgreich bestanden hat (z. B. gute Vorbereitung, Glück etc.). Menschen unterscheiden sich darin, welche Ursachen sie normalerweise bei Ereignissen vermuten. Die Tendenz einer Person, Ereignisse stets auf eine bestimmte Art von Ursachen zurückzuführen, wird als **Attributionsstil** bezeichnet.

Attributionsdimensionen

Die Ursachenzuschreibung von Ereignissen kann in drei Dimensionen stattfinden:

Ort der Verursachung

- internal = Ursachen liegen in der Person
- external = Ursachen liegen außerhalb der Person

Zeitliche Stabilität

- stabil = Ursachen sind zeitlich dauerhaft
- variabel = Ursachen sind zeitlich veränderlich

Stabilität über Situationen

- global = Ursachen gelten für breite Klasse von Ereignissen
- spezifisch = Ursachen gelten nur für einzelnes Ereignis

> **Beispiel**
> Ich war so gut in der Prüfung,
> - Student A: ... weil ich einfach unglaublich intelligent bin (internal, stabil, global; Attribution auf Fähigkeit/Begabung).
> - Student B: ... weil ich für diese Prüfung so gut gelernt hatte (internal, variabel, spezifisch; Attribution auf Anstrengung).
> - Student C: ... weil ich dieses Mal Glück hatte (external, variabel, spezifisch).
> - Student D: ... weil ich einfach immer die leichtesten Prüfer erwische (external, stabil, global).

1 Theoretische Grundlagen

Attributionsstil von Depressiven (pessimistischer Attributionsstil)

Mit Depressionen geht häufig ein bestimmter Attributionsstil einher:
- negative Ereignisse = internal, stabil, global („Ich bin an allem schuld.")
- positive Ereignisse = external, variabel, spezifisch („Zufall")

Dieser Attributionsstil kann zu persönlicher Hilflosigkeit, vermindertem Selbstwertgefühl und depressiven Verstimmungen führen.

1.5.5 Motivationskonflikte (Lewin)

Menschliches Handeln findet immer in einer komplexen Umgebung statt, in der meist mehrere Handlungsoptionen existieren. Lewin hat versucht, Konflikte zu beschreiben, die aufgrund gleichzeitig vorhandener Bedürfnisse und verschiedener Umweltangebote entstehen können:
- Der Begriff Appetenz bedeutet Annäherung und beschreibt ein „sich-zu-einer-Handlung-hingezogen-Fühlen".
- Der Begriff Aversion bedeutet Meidung und beschreibt ein „sich-von-einer-Handlung-abgestoßen-Fühlen".

Appetenz-Appetenz-Konflikt

Bei Appetenz-Appetenz-Konflikten muss das Individuum sich zwischen zwei oder mehr attraktiven Alternativen entscheiden.

> **Beispiel**
> Eiskugelaussuchen: „Welche Kugel nehm' ich denn?"

Aversions-Aversions-Konflikt

Beim Aversions-Aversions-Konflikt muss eine Entscheidung zwischen zwei unangenehmen Alternativen getroffen werden. Es geht um die Wahl des geringeren Übels.

> **Beispiel**
> Zahnschmerzen haben vs. zum Zahnarzt gehen.

Appetenz-Aversions-Konflikt (Ambivalenzkonflikt)

Man muss sich entscheiden, ob man etwas Erwünschtes tun oder lassen soll, das gleichzeitig unangenehme Nebenwirkungen hat.

> **Beispiel**
> Medikament lindert Schmerzen, macht aber gleichzeitig sehr müde.

Doppelter Appetenz-Aversions-Konflikt (doppelter Ambivalenzkonflikt)

Man muss sich zwischen zwei Alternativen, die beide positive und negative Seiten haben, entscheiden.

> **Beispiel**
> Gut bezahlte Stelle in der Kleinstadt versus schlecht bezahlte Stelle in der Traumstadt.

1.6 Persönlichkeit und Verhaltensstile

Im folgenden Kapitel geht es um die Frage, wie man den **Charakter** eines Menschen, das heißt seine **zeitlich überdauernden Eigenschaften** am besten beschreiben kann. Welche Eigenschaftsdimensionen sind dabei relevant? Und kann man alle Menschen mit denselben Dimensionen beschreiben? Wie kommen Unterschiede im Verhalten von Menschen zustande?

Verschiedene theoretische Ansätze der Persönlichkeitsforschung geben unterschiedliche Antworten auf die Frage, warum nicht alle Menschen das gleiche Verhalten zeigen.

1.6.1 Prädispositionismus

Der Prädispositionismus geht davon aus, dass Unterschiede im menschlichen Verhalten durch Unterschiede in den **Eigenschaften der Person** (unterschiedliche Trait-Ausprägungen) begründet sind. Diese Eigenschaften sind zeitlich und über verschiedene Situationen hinweg stabil. Nach dem Prädispositionismus ist ein schüchterner Mensch somit sein Leben lang und in verschiedenen Situationen besonders schüchtern.

1.6.2 Situationismus

Der Situationismus ist als Kritik am Eigenschaftskonzept des Prädispositionismus entstanden. Nach situationistischer Auffassung gibt es keine zeitlich und über Situationen hinweg stabilen Eigenschaften, sondern individuelles Verhalten lässt sich am besten durch die **Anforderungen der Situation** erklären. Wenn jemand schüchtern ist, dann liegt das nach situationistischer Auffassung also an der einschüchternden Situation, NICHT an der Person selbst.

1.6.3 Interaktionismus

Der Interaktionismus bietet eine Art Mittelweg zwischen Prädispositionismus und Situationismus. Im Interaktionismus werden Unterschiede im menschlichen Verhalten einerseits durch die individuellen Eigenschaften der Person, andererseits durch die jeweilige Situation und durch das Zusammenwirken der beiden Faktoren erklärt. Eine Person verhält sich schüchtern, weil sie einerseits ein schüchterner Mensch ist und andererseits die Situation besonders einschüchternd wirkt.

1.6.4 Psychoanalytische Persönlichkeitstheorie

Die von **Sigmund Freud** begründete Psychoanalyse hat eine eigene Auffassung, wie die menschliche Persönlichkeit funktioniert und welche Kräfte daran beteiligt sind. Zudem hat Freud eine Theorie zur Entwicklung verschiedener Persönlichkeitstypen aufgestellt, in der er begründet, wie aufgrund bestimmter Konflikte auf verschiedenen Entwicklungsstufen sich bestimmte Charaktere ausformen. Nach Freud setzt sich die Persönlichkeit eines Menschen aus drei Instanzen (ES, Ich, Über-Ich) zusammen, die sich in einem dynamischen Gleichgewicht befinden.

Strukturmodell der Persönlichkeit

ES: Nach Freud ist der Mensch ein triebgesteuertes Wesen (Sexualtrieb, Todestrieb), wobei alles Verhalten durch diese Triebe energetisiert wird. Die gesamte Triebenergie kommt aus dem ES. Das ES ist auf **sofortige Bedürfnisbefriedigung** ausgerichtet und funktioniert nach dem **Lustprinzip** – es ist „egoistisch", ohne die Anforderungen anderer oder der Situation zu berücksichtigen. Es ist ab Geburt vorhanden. Seine Funktionsweise wird auch als **primärprozesshaft** (kein Realitätsbezug, unlogisch, reines Lustprinzip, wie im Traum) beschrieben.
Die Inhalte des ES sind unbewusst.
Was das ES will, weiß man also selbst nicht, sondern diese Wünsche können nur indirekt über eine Interpretation des Verhaltens, der Träume oder durch die Methode der freien Assoziation aufgedeckt werden.

Über-Ich: Das Über-Ich ist der Sitz der Normen und Werte. Hier befinden sich die internalisierten Moralvorstellungen der Eltern und Gesellschaft (z. B. Hilfsbereitschaft). Das Über-Ich entwickelt sich in der frühen Kindheit, ungefähr ab dem zweiten Lebensjahr. Da die Inhalte nur vorbewusst oder unbewusst sind, kann das Über-Ich zur **Quelle unbewusster Selbstbestrafungstendenzen** werden, wenn man gegen die dort repräsentierten Regeln verstößt.

Beispiel
Das ES fordert ein egoistisches Verhalten, das das Über-Ich als Regelverstoß ansieht.

1 Theoretische Grundlagen

Ich: Das Ich hat die Aufgabe, zwischen den Wünschen des ES, den Regeln des Über-Ichs und den Anforderungen der Realität zu vermitteln. Es funktioniert **sekundärprozesshaft** (mit Realitätsbezug, logisch), das heißt, es hat als einziger Teil der Persönlichkeit eine Verbindung zur äußeren Realität. Eine Tatsache, die als **Realitätsprinzip** bezeichnet wird. Um Konflikte durch unvereinbare Forderungen der Instanzen zu lösen, kann das Ich Abwehrmechanismen einsetzen.

> **Merke!**
> Durch unterschiedliche Wünsche und Ausrichtungen der Instanzen entstehen Konflikte, die das Ich zu lösen versucht.

> **Beispiel**
> Das ES hat plötzlich Hunger. Das Über-Ich widerspricht, da zwischen den Mahlzeiten nichts gegessen werden soll. Das Ich betrachtet die äußeren Umstände.

Topografisches Modell

Das topografische Modell beschreibt den Ort (gr. topos = Ort) der psychischen Vorgänge als bewusst, vorbewusst und unbewusst.
- **Bewusst** = Alles, was gerade präsent ist (im Bewusstsein).
- **Vorbewusst** = Alles, was bei Bedarf erinnert werden kann (im Gedächtnis).
- **Unbewusst** = Bedürfnisse, Ängste, Wünsche etc., die nicht zugänglich sind; Zugang zu diesen Inhalten wird jedoch durch Techniken der Psychoanalyse möglich (z. B. Traumdeutung, freie Assoziation, Hypnose).

Freuds Stadien der psychosexuellen Entwicklung (Typologie)

Freud hat ein Entwicklungsmodell konzipiert, das erklären soll, wie es zur Bildung unterschiedlicher Persönlichkeitstypen kommt. Hier gelten folgende Grundannahmen:

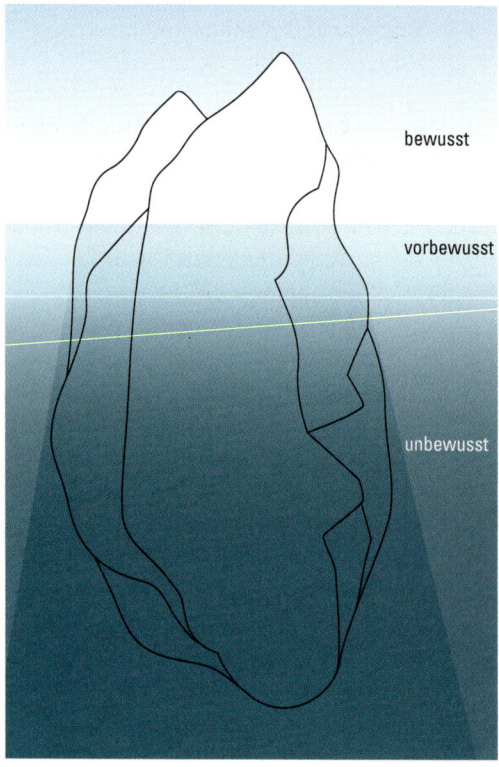

Abb. 8: Topografisches Modell

medi-learn.de/6-psycho2-8

- Kinder durchlaufen verschiedene Entwicklungsphasen, in denen jeweils ein anderes Libidoobjekt (Ort des Lustgewinns) dominant ist.
- Jede Phase birgt einen **typischen Konflikt**. Wird dieser nicht gelöst, besteht das Risiko der **Fixierung**. Das bedeutet, die Persönlichkeit bleibt zu Teilen in der problematischen Phase „hängen" und übernimmt somit einen phasentypischen Charakterzug und/oder fällt in Krisensituationen darauf zurück, was man als **Regression** bezeichnet.
- Die Typenbildung erfolgt über die Benennung nach den jeweils konflikthaften Phasen (orale, anale, phallische Haltung etc.).

> **Merke!**
> Die genitale Persönlichkeit gilt als reife Persönlichkeit.

1.6.5 Faktorenanalytische/statistische Persönlichkeitsmodelle

Faktorenanalytische oder statistische Persönlichkeitsmodelle haben diesen Namen, da bei ihrer Entwicklung keine theoretische Vorstellung von Persönlichkeit, sondern die statistische Methode der Faktorenanalyse im Vordergrund steht. Persönlichkeit wird als ein Set empirisch gewonnener Beschreibungsdimensionen (z. B. bei Eysenck Extraversion-Introversion und emotionale Stabilität-Labilität) verstanden. Jedes Individuum kann durch seine relative Position auf den Dimensionen beschrieben werden (nahe am Extraversionspol, irgendwo zwischen Extra- und Introversion oder näher am Introversionspol). Die Verhaltensdispositionen gelten als **relativ stabil** und meistens wird eine **genetische Basis** der Eigenschaften angenommen. Es gibt eine ganze Reihe statistischer Persönlichkeitsmodelle. Hier werden allerdings nur die zwei für das Physikum wichtigen vorgestellt.

Eysencks Persönlichkeitsmodell

Eysenck postuliert, dass es zwei voneinander unabhängige Dimensionen der Persönlichkeit gibt:
- Extraversion – Introversion: Partytyp (offen, gesellig) versus Bücherwurm (zurückhaltend, ruhig)
- Emotionale Stabilität – Emotionale Labilität (Neurotizismus): ausgeglichen versus ängstlich, häufige Stimmungsschwankungen, empfindlich und irritierbar

Eysencks Persönlichkeitsfaktoren (Dimensionen) Extraversion-Introversion und Neuroti-

Phase/Alter	Kennzeichen	Haltung/Charakter durch Fixierung
orale Phase 0–2 Jahre	– Libidoobjekt: Mund – Kind will „gefüttert werden"	– **oraler/depressiver Charakter:** fordernd, unreif, will alles bekommen – **schizoider Charakter:** ambivalentes Verhältnis zu Mitmenschen (Kontaktsuche vs. Angst)
anale Phase 2–4 Jahre	– Libidoobjekt: Anus – Kind kann Kot zurückhalten, Erwerb der Schließmuskelkontrolle (übertragene Bedeutung: Nein-Sagen) – Erfahrung von **Kontrolle** und **Verweigerung** – Erlernen von **Autonomie** und **Selbstsicherheit**	**zwanghafter/analer Charakter:** Geiz, Pedanterie, Pünktlichkeit, Korrektheit, Kontrolle, ambivalentes Verhältnis zu Autoritäten (Dominanz vs. Unterwerfung)
phallische Phase (ödipale Phase) 4–6 Jahre	– Libidoobjekt: Geschlechtsteile – Erkennen der anatomischen Geschlechtsunterschiede (führt bei Jungen zu Kastrationsangst, bei Mädchen zu Penisneid) – Kind liebt gegengeschlechtliches Elternteil, konkurriert mit gleichgeschlechtlichem Elternteil. Bei Jungen: **Ödipuskomplex**, bei Mädchen: **Elektrakomplex**. – Lösung des Konflikts durch **Identifikation** mit gleichgeschlechtlichem Elternteil (führt zu Übernahme der Geschlechtsrolle)	**phallischer/hysterischer Charakter:** innerer Zwang zum Konkurrieren und Leistungsstreben
Latenzphase 6–12 Jahre	Triebenergie wird auf kulturelle Inhalte gelenkt (Lesen, Schreiben etc.)	Fixierung nicht thematisiert
genitale Phase ab 12 Jahren	– Entdeckung der reifen Sexualität – Partnersuche außerhalb der Familie	

Tab. 2: Phasen der psychosexuellen Entwicklung nach Freud

zismus sind statistisch voneinander unabhängig (Nullkorrelation).
Das bedeutet, dass beide Dimensionen nicht systematisch zusammenhängen: Menschen mit hohen Neurotizismuswerten können mit gleicher Wahrscheinlichkeit sowohl sehr introvertiert als auch sehr extravertiert sein. Vom Wissen über die Ausprägung eines Merkmals kann man also nicht auf die Ausprägung des anderen schließen.

Big Five (Halverson/Costa & McCrae)

Big Five	Positive Ausprägung	Negative Ausprägung
Verträglichkeit	verträglich, freundlich, nachgiebig	unfreundlich, streitsüchtig, hartherzig
Offen für Erfahrungen	interessiert, phantasievoll, kreativ	beharrlich, rigide, konservativ
Gewissenhaft	gewissenhaft, ordentlich, zuverlässig	sorglos, unordentlich, unzuverlässig
Extravertiert	extravertiert = aufgeschlossen, laut, theatralisch	introvertiert = still, schüchtern, zurückgezogen
Labil/Stabil (Neurotizismus)	stabil = ruhig, zufrieden, ausgeglichen	labil = nervös, verletzlich, unzufrieden

Tab. 3: Big Five

Die „Big Five" umschreiben fünf Persönlichkeitsdimensionen, die in vielen Persönlichkeitsmodellen immer wieder auftauchen. In der folgenden Tabelle sind die Big Five mit den jeweiligen Ausprägungen dargestellt:

> **Merke!**
>
> Als kleine Eselsbrücke gibt es den **VOGEL**: **V**(erträglichkeit), **O**(ffenheit für Erfahrungen), **G**(ewissenhaftigkeit), **E**(xtraversion) und **L**(abilität).

1.6.6 Persönlichkeitsstörungen

In letzter Zeit tauchten häufiger Fragen im Physikum zu Persönlichkeitsstörungen auf. Tab. 4, S. 27 zeigt „Die kleine Psychopathologie für das Examen".

1.7 Entwicklung und primäre Sozialisation (Kindheit)

Im folgenden Kapitel geht es um die frühkindliche und kindliche Entwicklung. Der Schwerpunkt liegt dabei auf der Entwicklung des Denkens (kognitive Entwicklung nach Jean Piaget).

1.7.1 Kognitive Entwicklung nach Jean Piaget

Jean Piaget – ein Schweizer Entwicklungspsychologe – hat versucht, die Entwicklung des Denkens regelhaft zu beschreiben. Sein Stufenmodell leitet sich zum großen Teil aus Beobachtungen seiner eigenen Kinder ab.
Er geht davon aus, dass es eine feste Abfolge von Entwicklungsphasen gibt, die alle Kinder (unterschiedlich schnell) durchlaufen. Das nächste Entwicklungsstadium wird erst erreicht, wenn die vorausgehende Phase bewältigt ist. Die Phasenabfolge läuft nach dem **Äquilibrationsprinzip** (Gleichgewichtsprinzip) ab. Das bedeutet, dass das Kind durch einen Entwicklungsschritt einen Zustand des Gleichgewichts erreicht. Der wird zunächst stabilisiert – **Assimilation** –, um dann durch eine neue Umwelterfahrung ins Ungleichgewicht gebracht zu werden. Durch eine Anpassung an neue Verhältnisse – **Akkomodation** – erlangt das Kind erneut einen Gleichgewichtszustand, jedoch auf höherem Niveau.

1.7.1 Kognitive Entwicklung nach Jean Piaget

Persönlichkeit	Kennzeichen
paranoid	misstrauisch, streitsüchtig, auf eigenen Rechten beharrend
schizoid	Gleichgültigkeit gegenüber sozialen Beziehungen, eingeschränkte emotionale Erlebnisweise
dissozial oder antisozial	Mangel an Empathie und Schuldbewusstsein, geringe Frustrationstoleranz
Borderline	extreme Stimmungsschwankungen, instabile, aber intensive Beziehungen, geringe Impulskontrolle mit potenziell selbstschädigendem Verhalten
narzisstisch	Großartigkeit und übertriebenes Selbstgefühl, Überempfindlichkeit auf Kritik, Selbstüberschätzung
histrionisch	Dramatisierung, Theatralik und übertriebener Emotionsausdruck, auffällige Egozentrik
zwanghaft	Perfektionismus, übertriebene Gewissenhaftigkeit, Halsstarrigkeit
selbstunsicher-vermeidend	angstbetonter, eingeschränkter Lebensstil, chronische Vermeidung von als bedrohlich eingeschätzten Aktivitäten
abhängig = dependent	abhängiges und unterwürfiges Verhalten, Verantwortung wird an andere abgegeben

Tab. 4: Persönlichkeitsstörungen

> **Merke!**
>
> Das Prinzip der Assimilation bedeutet: Kinder gliedern neue Erfahrungen/Umweltobjekte in bereits bestehende kognitve Schemata ein, ohne diese zu ändern.

Beispiel
Ein Kind kann nach runden Gegenständen greifen und weitet dann das Greifschema auf eckige Gegenstände aus.

> **Merke!**
>
> Das Prinzip der Akkomodation bedeutet: Kinder ändern bestehende kognitive Schemata, um neue Erfahrungen integrieren zu können.

Beispiel
Ein Kind verfügt über ein Greifschema und versucht, nach Wasser zu greifen. Das klappt mit seinem bisherigen Schema nicht. Also probiert es herum und lernt schließlich zu schöpfen.

In Tab. 5, S. 28 ist das Modell der kognitiven Entwicklung zusammengefasst. Die Stichworte in Spalte zwei und das in Spalte drei aufgeführte Krankheitsverständnis des Kindes in den verschiedenen Stadien werden nach der Tabelle erläutert.

Stichworte zur Entwicklung bei Piaget

Die in der zweiten Spalte aufgeführten Stichworte zur Entwicklung werden jetzt an Beispielen erklärt.
Objektpermanenz: Das Kind begreift, dass Objekte auch dann existieren, wenn es sie nicht unmittelbar sehen kann. Beispiel: Es beginnt nach einem versteckten Kuscheltier zu suchen, weil es weiß, dass dieses Tier auch weiterhin existiert, obwohl es gerade nicht sichtbar ist.
Egozentrisches Denken: Das Kind ist noch nicht in der Lage, die Perspektive eines anderen zu übernehmen, sondern sieht alles nur aus der eigenen. Egozentrisches Denken wird mit der „Drei-Berge-Aufgabe" getestet, bei der das Kind die Landschaft aus der Perspektive des Clowns schildern soll (s. Abb. 9, S. 28).

1 Theoretische Grundlagen

Phase/Alter		Stichworte zur Entwicklung	Krankheitsverständnis
	sensomotorische Intelligenz 0–2 Jahre	– Kind „begreift" seine Umwelt mit Mund und Hand – Entwicklung der **Objektpermanenz**	
präoperationales Denken	**vorbegriffliches Denken** 2–4 Jahre	– **egozentrisches Denken**	entsteht durch Ansteckung (Menschen oder Dinge), Krankheit als Strafe
	anschauliches Denken 4–7 Jahre	– Kind glaubt, was es sieht	
	konkret-operationales Denken 7–11 Jahre	– Verständnis für **Mengeninvarianz** – **Reversibilität** von Denkoperationen	
	formal-operationales Denken ab 12 Jahre	– **hypothetisch-deduktives Denken** – **abstraktes Denken** – **Hypothesenbildung**	Erklärung durch physiologische und psychosomatische Faktoren

Tab. 5: Übersicht zu Piagets Phasen der kognitiven Entwicklung

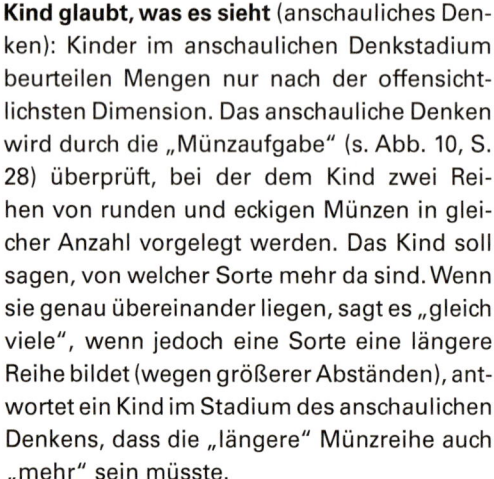

Abb. 9: 3-Berge-Aufgabe   *medi-learn.de/6-psycho2-9*

Kind glaubt, was es sieht (anschauliches Denken): Kinder im anschaulichen Denkstadium beurteilen Mengen nur nach der offensichtlichsten Dimension. Das anschauliche Denken wird durch die „Münzaufgabe" (s. Abb. 10, S. 28) überprüft, bei der dem Kind zwei Reihen von runden und eckigen Münzen in gleicher Anzahl vorgelegt werden. Das Kind soll sagen, von welcher Sorte mehr da sind. Wenn sie genau übereinander liegen, sagt es „gleich viele", wenn jedoch eine Sorte eine längere Reihe bildet (wegen größerer Abständen), antwortet ein Kind im Stadium des anschaulichen Denkens, dass die „längere" Münzreihe auch „mehr" sein müsste.

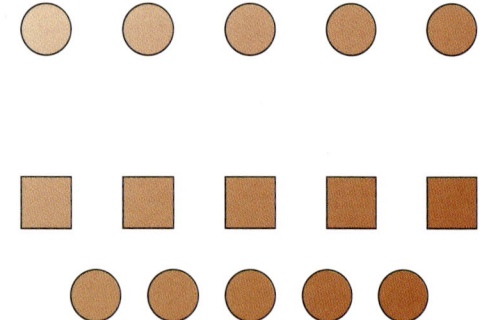

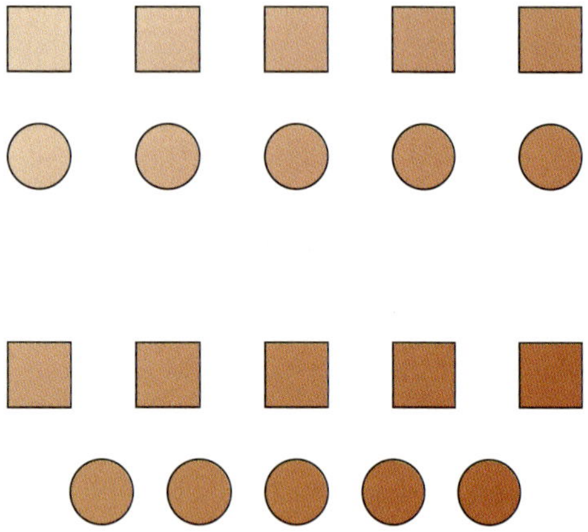

Abb. 10: Münzaufgabe   *medi-learn.de/6-psycho2-10*

Mengeninvarianz: Das Kind begreift, dass Mengen sich nicht verändern, wenn man nur ihre äußere Form ändert, sonst aber nichts hinzugefügt oder wegnimmt. Mengeninvarianz wird mit der **„Umschüttaufgabe"** überprüft, bei der den Kindern zwei gleich geformte Gefäße mit derselben Menge Flüssigkeit gezeigt werden (s. Abb. 11, S. 29). Dann wird vor den Augen des Kindes aus dem einen Gefäß die Flüssigkeit in ein höheres, schmales Gefäß umgeschüttet und die Kinder sollen sagen, in welchem Gefäß jetzt mehr Flüssigkeit enthalten ist. Aufgrund

1.8 Entwicklung über die weitere Lebensspanne

des Verständnisses der Mengeninvarianz wissen sie, dass die Menge im neuen Gefäß trotz veränderter äußerer Form genauso groß ist wie die im anders geformten.

Reversibilität: Kinder können im konkret-operationalen Stadium Vorgänge in der Vorstellung wieder rückgängig machen. Zum Beispiel können sie sich bei der Umschüttaufgabe vorstellen, dass man die Flüssigkeit im hohen Gefäß wieder in das kleinere, breite zurückgießen könnte.

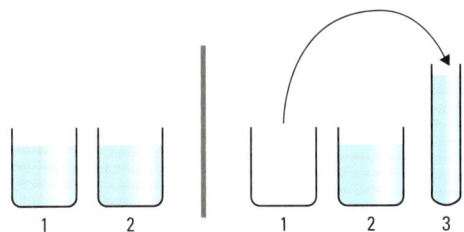

Abb. 11: Umschüttaufgabe

medi-learn.de/6-psycho2-11

Krankheitsverständnis in der kognitiven Entwicklung

Piaget beschreibt das Krankheitsverständnis von Kindern im präoperationalen Stadium (umfasst vorbegriffliches und anschauliches Denken) und von Kindern im formal-operationalen Stadium folgendermaßen:
- **Präoperationales Krankheitsverständnis:** Kinder denken, dass Krankheiten über Ansteckung an auffälligen Objekten oder Menschen entstehen (z. B. „Der Schnee macht Fieber."). Zudem verstehen sie Krankheit häufig als Strafe für eigenes Fehlverhalten. Beispiel: „Weil ich meine Mutter angelogen habe, bin ich jetzt krank."
- **Formal-operationales Krankheitsverständnis:** Ab etwa zwölf Jahren können Kinder verstehen, dass sowohl physische als auch psychische Faktoren Krankheiten verursachen können. Beispiel: „Ich habe Kopfschmerzen, weil ich mich so über meinen Bruder geärgert habe."

1.8 Entwicklung über die weitere Lebensspanne

In diesem Kapitel werden Ausschnitte der weiteren Entwicklung im Laufe des Jugend- und Erwachsenenalters vorgestellt.

1.8.1 Merkmale des Jugendalters

Für das Jugendalter sind folgende Entwicklungsphänomene charakteristisch: Die Bedeutung der Kernfamilie sinkt, während gleichzeitig die Bedeutung der Peergroup (Gruppe Gleichaltriger mit ähnlichen Einstellungen) steigt. Probleme werden eher Gleichaltrigen als den Eltern anvertraut, wobei die **Eltern** trotzdem **weiterhin wichtig** bleiben (z. B. sind sie bei Themen der Berufswahl und Zukunftsplanung die Hauptansprechpartner).

1.8.2 Besondere Problembereiche im Jugendalter

Die Jugend ist durch körperliche und soziale Veränderungen gekennzeichnet.
- körperlich: Ausbildung der sekundären Geschlechtsmerkmale, Geschlechtsreife
- sozial: Auseinandersetzung mit und Übernahme von Geschlechtsrollen

Diese Veränderungen können bei Jugendlichen zu **Selbstwertproblemen** führen (z. B. negative Selbsteinschätzung). Ein weiterer Problembereich betrifft **gesundheitsschädigendes Verhalten** (z. B. Drogenkonsum, ungesundes Ernährungsverhalten, riskantes Sexualverhalten).

1.8.3 Erziehungsstile

Diana Baumrind (1971) hat den autoritativen Erziehungsstil als eine besonders günstige Umgangsweise mit dem Kind beschrieben. **Autoritatives Verhalten** der Eltern umfasst eine Kombination aus hoher Kontrolle auf der einen und offener Kommunikation und Wärme (Unterstützung) auf der anderen Seite.

Zwei Dimensionen werden zur Beschreibung des Erziehungsstils verwendet:
- elterliche Kontrolle und
- elterliche Unterstützung.

Aus einer systematischen Kombination der beiden Dimensionen ergeben sich vier Erziehungsstile (s. Tab. 6, S. 30), die auch im Physikum gelegentlich geprüft werden.

Diese Stile können nach dem Maß an Lenkung und Wärme wie folgt eingeteilt werden:

	wenig Wärme/ Zuneigung	viel Wärme/ Zuneigung
viel Lenkung	autoritär	autoritativ
wenig Lenkung	vernachlässigend	permissiv

Tab. 6: Erziehungsstile

> **Übrigens ...**
> Einen überfürsorglichen Kommunikationsstil in Familien bezeichnet man als „high expressed emotion".

1.9 Bindungsverhalten von Kindern

Zur Beantwortung der Frage, ob das Mutter-Kind-Verhältnis einen Einfluss auf die Gesundheit hat, muss man zunächst wissen, wie sich die Bindungsqualität messen lässt:

Die Bindungsqualität zwischen Mutter und Kind wird mit dem „Fremde-Situations-Test" operationalisiert. Dieser Test besteht aus insgesamt acht dreiminütigen Episoden, in denen das Verhalten der Kinder durch eine Einwegscheibe beobachtet wird. In diesen Episoden wechselt die Anwesenheit der Mutter und einer fremden Person in verschiedenen Kombinationen.

Die Episoden, in denen die Mutter jeweils zurückkehrt, kennzeichnen das Bindungsverhalten. Hierbei werden auf einer siebenstufigen Skala die folgenden vier Strategien der Nähe-Distanz-Regulation bewertet:
- Nähe suchen,
- Kontakt halten,
- Widerstand gegen Körperkontakt und
- Vermeidungsverhalten.

Aus der Häufigkeit, mit der die einzelnen Strategien gezeigt werden, lassen sich folgende Bindungsstile ermitteln:

Unsicher-vermeidend gebundene Kinder vermeiden bei Rückkehr der Mutter Nähe und körperlichen Kontakt. Sie zeigen keine Emotionen, sondern beschäftigen sich stattdessen weiter mit ihrem Spielzeug.

Sicher, balanciert gebundene Kinder zeigen ziemlich intensiv ihren Kummer, wenn sie allein gelassen werden. Sobald die Mutter zurückkehrt, sind sie wie erlöst, suchen Kontakt zu ihr und spielen anschließend fröhlich weiter.

Ambivalent-unsicher gebundene Kinder suchen einerseits die Nähe der Mutter, andererseits lehnen sie die Kontaktversuche der Mutter ab.

Desorganisierte, desorientierte Kinder schwanken zwischen mehreren Reaktionsstilen und lassen sich in bisher genannten Kategorien schlecht einordnen. Ihnen fehlen entsprechende Strategien, auf die wechselnde Ab- und Anwesenheit der Mutter oder Fremder zu reagieren.

DAS BRINGT PUNKTE

Der ethologische Motivationsansatz und speziell die **Instinkthandlung** waren bislang häufige Fragenthemen im Examen. Präge dir daher die Reihenfolge des Ablaufs bitte besonders gut ein:
1. ungerichtetes Appetenzverhalten,
2. Schlüsselreiz,
3. angeborener Auslösemechanismus (AAM) und
4. Endhandlung.

Auch die **Attributionstheorie** ist ein wichtiges Thema. Du solltest die verschiedenen Attributionsdimensionen (internal versus external; stabil versus variabel; global versus spezifisch) nicht nur kennen, sondern auch in den Beispielen wiederfinden.

Die modernen statistischen Persönlichkeitsmodelle (**Eysenck und „Big Five"**) wurden bislang besonders gerne im Schriftlichen gefragt. Deren Faktoren solltest du daher auf jeden Fall kennen.

– Bei Eysenck sind das „Extraversion/Introversion" und „Neurotizismus".
– Die „Big Five" bestehen aus Verträglichkeit, Offenheit für Erfahrungen, Gewissenhaftigkeit, Extraversion/Introversion und Neurotizismus (oder Labilität).

Und auch wenn **Freuds psychoanalytisches Persönlichkeitsmodell** eher zum alten Eisen zählt, sind sowohl die Charakteristika seiner drei Instanzen (ES, Ich, Über-Ich) als auch die Entwicklungsstufen immer noch häufige Frageninhalte.

Piagets Modell der kognitiven Entwicklung solltest du dir gut anschauen und dir dabei einprägen, welche Entwicklungsbegriffe zu welcher Phase gehören. Die Begriffe werden verständlicher, wenn du dir die Aufgaben, die zum Test der jeweiligen Fähigkeiten verwendet werden, noch mal anschaust.

Pause

Ein paar Seiten hast du schon geschafft!
Päuschen und weiter geht's!

Mehr Cartoons unter www.medi-learn.de/cartoons

Ein besonderer Berufsstand braucht besondere Finanzberatung.

Als einzige heilberufespezifische Finanz- und Wirtschaftsberatung in Deutschland bieten wir Ihnen seit Jahrzehnten Lösungen und Services auf höchstem Niveau. Immer ausgerichtet an Ihrem ganz besonderen Bedarf – damit Sie den Rücken frei haben für Ihre anspruchsvolle Arbeit.

- Services und Produktlösungen vom Studium bis zur Niederlassung
- Berufliche und private Finanzplanung
- Beratung zu und Vermittlung von Altersvorsorge, Versicherungen, Finanzierungen, Kapitalanlagen
- Niederlassungsplanung & Praxisvermittlung
- Betriebswirtschaftliche Beratung

Lassen Sie sich beraten!

Nähere Informationen und unseren Repräsentanten vor Ort finden Sie im Internet unter www.aerzte-finanz.de

Deutsche Ärzte Finanz

Standesgemäße Finanz- und Wirtschaftsberatung

2 Gesundheits- und Krankheitsmodelle/Psychotherapie

Fragen in den letzten 10 Examen: 38

In diesem Skriptabschnitt werden zwei Gesundheits- und Krankheitsmodelle vorgestellt, d. h. zwei verschiedene Auffassungen, was unter (psychischer) Gesundheit und Krankheit zu verstehen ist, wie es zu psychischer Krankheit kommt und welche Maßnahmen zur Therapie eingesetzt werden sollen.

Die beiden hier präsentierten Auffassungen sind sehr verschieden, genau wie die aus ihnen resultierenden Therapiemethoden. Beide therapeutischen Verfahren werden aktuell in Deutschland von den Krankenkassen anerkannt und finanziert.

2.1 Verhaltensmodelle (lerntheoretische Modelle) und Verhaltenstherapie

Verhaltensmodelle basieren auf den theoretischen Grundlagen der **Lerntheorie** (s. 1.2, S. 5). Sie gehen von folgenden Grundannahmen aus:
- Psychische Störungen sind **erlernte Verhaltens- und Erlebnisweisen.** D. h. psychische Störungen sind – wie alle anderen Verhaltensweisen – über Mechanismen des klassischen und operanten Konditionierens oder über Modelllernen gelernt worden (und nicht angeboren o. ä.).
- Dysfunktionales Verhalten kann dementsprechend auch wieder verlernt, funktionales bzw. erwünschtes Verhalten neu gelernt werden und zwar mittels verhaltenstherapeutischer Methoden.
- Verhaltenstherapie (VT) ist **symptomorientiert**, d. h. sie konzentriert sich auf die Veränderung der problematischen Verhaltensweise (z. B. Reduzierung von unangemessener Angst bei Phobikern) und forscht NICHT nach den Ursachen (keine Aufbereitung frühkindlicher Entwicklung).
- Verhaltenstherapie beansprucht für sich empirische Überprüfbarkeit, die überkontrollierte Therapiestudien gezeigt werden kann (VT hat sich z. B. bei Angststörungen in vergleichenden Therapiestudien als die wirksamste Methode gezeigt.).

2.1.1 SORKC-Modell: Verhaltensanalyse

In Verhaltensmodellen wird davon ausgegangen, dass man ein Problemverhalten nicht isoliert betrachten kann, sondern dass jedes Verhalten bezüglich der vorausgehenden Situation und der folgenden Konsequenzen analysiert werden muss. Erst diese Einbettung des Problemverhaltens gibt Aufschluss über dessen Funktion und die aufrecht erhaltenden Faktoren. Verhaltenstherapeuten gehen davon aus, dass jedes noch so störende Verhalten zunächst eine günstige Funktion gehabt haben muss, denn sonst wäre es nie gelernt worden. Das SORKC-Modell ist von Frederick H. Kanfer entwickelt worden.

Mit Hilfe eines Beispiels wird die Verhaltensanalyse (der Einstieg in den therapeutischen Prozess) sicherlich verständlicher.

Beispiel
In unserem Fall haben wir einen Studenten, der starke Prüfungsangst hat und etwas dagegen unternehmen möchte. Der Verhaltenstherapeut stellt zunächst Fragen, um ein vollständiges SORKC-Modell des Problemverhaltens (Angst in Prüfungssituationen) zu erhalten.

Fragen zu den SORKC-Elementen

- **S (Stimulus):** Wann, unter welchen Umständen tritt das Verhalten auf? = Frage nach äußerer und innerer Reizsituation. Hier: vor wichtigen Prüfungssituationen, wenn es um die Bewertung der fachlichen Kompetenz geht.

2 Gesundheits- und Krankheitsmodelle/Psychotherapie

- **O (Organismus):** Was erlebt das Individuum? = Frage nach individuellen biologischen und lerngeschichtlichen Ausgangsbedingungen. Hier: Individuum neigt allgemein zu starken Angstreaktionen, erlebt Gefühl von Bedrohtsein, Verlust der Kontrolle über die Situation, physiologische Erregung wie Schwitzen, Herzklopfen etc.
- **R (Reaktion):** Wie verhält sich das Individuum daraufhin? = Frage nach dem beobachtbaren Verhalten. Hier: Prüfling sagt den Prüfungstermin ab oder verschiebt ihn.
- **K (Kontingenz):** Wie eng ist die Kontingenz (Verbindung) des Verhaltens mit den Konsequenzen? Treten sie immer (kontinuierlich), manchmal (intermittierend) oder nie ein, wenn vorher die Reaktion gezeigt wurde? = Frage nach dem Zusammenhang zwischen Verhalten und Folgen. Hier: Erleichterung tritt jedes Mal kurzfristig ein, Gefühl verfliegt aber immer schneller.
- **C (Konsequenzen):** Welche positiven und negativen Konsequenzen hat dieses Verhalten? = Frage nach den Folgen/Konsequenzen für das Individuum. Hier: Prüfling fühlt sich zunächst erleichtert, danach ärgert er sich über sein Verhalten.

2.1.2 Klassische verhaltenstherapeutische Techniken

Im Rahmen der klassischen Verhaltenstherapie werden verschiedene therapeutische Methoden eingesetzt, die sich unmittelbar auf klassisches und operantes Konditionieren zurückführen lassen. Bei Angststörungen wird in der Regel konfrontativ vorgegangen.

Die Konfrontation mit den angstauslösenden Reizen kann graduiert (abgestuft) oder massiv („volles Programm") bzw. in sensu (in der Vorstellung) oder in vivo („in echt") erfolgen:

	graduiert	massiv
in sensu	systematische Desensibilisierung	Implosionstherapie
in vivo	Habituationstraining	Reizüberflutung (Flooding)

Tab. 7: Interventionsmethoden

Systematische Desensibilisierung/ Habituationstraining

Die Grundidee hinter der systematischen Desensibilisierung ist folgende: Angst und Entspannung sind zwei inkompatible Zustände, d. h. sie können nicht gleichzeitig auftreten. Diese Unvereinbarkeit hat Wolpe als **Prinzip der reziproken Hemmung** bezeichnet (Angst hemmt Entspannung – Entspannung hemmt Angst). Das Ziel ist, dass der Patient lernt, sich in vorgestellten (in sensu) oder realen (in vivo) Angstsituationen immer wieder zu entspannen, bis die Angstreaktion ausbleibt. Das konkrete Vorgehen sieht dabei folgendermaßen aus:
- Erster Schritt: Erlernen von **Entspannungstechniken** (z. B. progressive Muskelrelaxation, Autogenes Training etc.)

K (Kontingenz)
Stärke der Verbindung R – C
„Absage führt (kurzfristig) immer zur Erleichterung."

S Stimulus	O Organismus	R Reaktion	C Konsequenz
Prüfung	Angst, Erregung	sagt Termin ab	Erleichterung

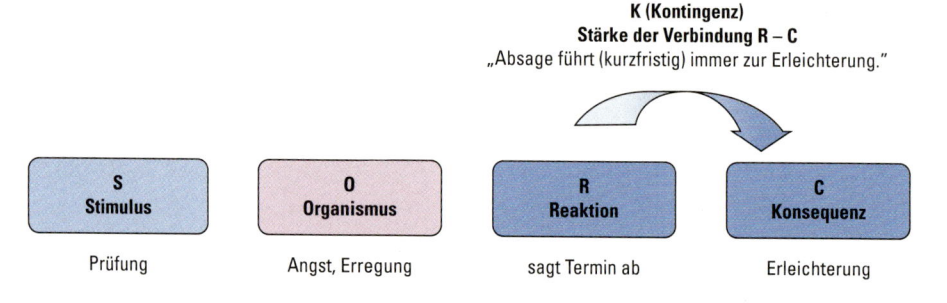

Abb. 12: SORKC-Modell

2.1.2 Klassische verhaltenstherapeutische Techniken

- Zweiter Schritt: Aufstellen einer **Angsthierarchie**, d. h. der Patient ordnet Situationen nach ihrem „Angstgehalt" (z. B. ist für einen Spinnenphobiker eine kleine Spinne in einem Glas schon ziemlich schlimm, eine große mit haarigen Beinen aber noch schlimmer etc.).
- Dritter Schritt: Beginn der **Konfrontation** mit der Angstsituation auf niedrigster Stufe, Einleitung von Entspannung, bei angstfreier Bewältigung Konfrontation mit nächster Stufe etc. Die Konfrontation kann dabei in sensu (in der Vorstellung) oder in vivo (real) stattfinden

Merke!

Zur systematischen Desensibilisierung gehört erstens das Erlernen von Entspannungstechniken und zweitens die schrittweise Konfrontation mit der angstauslösenden Situation.

Reizüberflutung/Implosion

Die Grundidee hinter der Reizüberflutung ist, dass starke Angstreaktionen physiologisch nicht unendlich lange aufrecht erhalten werden. Wegen der physiologischen Erschöpfung sinkt die Angst bei Dauerkonfrontation mit dem angstauslösendem Reiz irgendwann ab (**Prinzip der Extinktion/Löschung**). Das Ziel der Reizkonfrontation ist die Entkopplung vom konditioniertem Angstreiz (z. B. Spinne) und der Angstreaktion dadurch, dass der Patient über die Konfrontation realisieren muss, dass ihm nichts Schlimmes passiert (z. B. wenn die Spinne auf seiner Hand sitzt).

Das konkrete Vorgehen sieht hier folgendermaßen aus:

1. Der Patient wird sofort mit der besonders angstauslösenden Situation in voller Intensität konfrontiert. Die Konfrontation kann **in vivo (Flooding** – ein Patient mit Höhenangst steigt z. B. mit dem Therapeuten auf einen hohen, freistehenden Turm) oder **in sensu (Implosion** – ein Patient, dem z. B. nach einem schweren Autounfall die Bilder nicht aus dem Kopf gehen, muss sich wieder in diese Situation hineinversetzen) durchgeführt werden.
2. Er verbleibt so lange in der Situation, bis die Angst nachlässt.
3. In der Konfrontationssituation darf der Patient kein Vermeidungsverhalten zeigen (z. B. sich ablenken, an etwas anderes denken).

Token Economy (Sekundäres Verstärkersystem)

Bei Token-Systemen wird das Grundprinzip des **operanten Konditionierens** genutzt: Erwünschtes Verhalten kann in seiner Auftretenswahrscheinlichkeit durch **positive Verstärkung** erhöht werden. Allerdings kann man nicht bei jedem Individuum denselben Verstärker verwenden, da dieser nicht für jeden Menschen subjektiv gleich wertvoll ist.

Beispiel

Manche Kinder empfinden es als Belohnung, wenn sie draußen spielen dürfen. Andere würden lieber drinnen bleiben und hätten bei so einem Verstärker gar keine Motivation, das gewünschte Verhalten zu zeigen. Um dieses Problem zu umgehen, werden sekundäre Verstärker (Tokens) eingesetzt. Das sind Belohnungen, die für alle einen Wert haben, da sie in individuell präferierte Belohnungen umgetauscht werden können

Merke!

Als sekundäre Verstärker werden Belohnungen bezeichnet, die nur einen indirekten Wert besitzen: Sie können als Tauschwährung für viele verschiedene erwünschte Dinge eingesetzt werden (z. B. Geld).

Vorgehen:
- Patienten bekommen Tokens für erwünschte Verhaltensweisen (z. B. regelmäßige Teilnahme am Sportprogramm), die jeder für individuell gewünschte Verstärker (z. B. Kinobesuch, Eis etc.) eintauschen kann.

Time Out

Hinter „Time Out" steckt die Grundannahme, dass „negative" Bestrafung, d. h. das Wegnehmen angenehmer Konsequenzen, die Auftretenswahrscheinlichkeit von unerwünschtem Verhalten reduziert.

Vorgehen:
- Wenn unerwünschtes Verhalten auftritt, werden dem Individuum angenehmen Reize entzogen. Beispielsweise muss ein Kind nach aggressivem Verhalten für eine kurze, festgelegte Zeit die Gruppe verlassen (Entzug angenehmer Konsequenzen) und in einer reizarmen Umgebung warten.

> **Übrigens ...**
> Auch hinter Time Out stecken die Prinzipien des operanten Konditionierens. Durch den Entzug angenehmer Konsequenzen soll unerwünschtes Verhalten bestraft werden.

Shaping (Verhaltensformung)

Ein Problem beim Aufbau neuer Verhaltensweisen ist häufig, dass es sich um komplexes Verhalten handelt, das nicht auf Anhieb gezeigt und verstärkt werden kann. Beim Shaping werden deswegen bereits Annäherungen ans erwünschte Verhalten verstärkt (= **schrittweise Verstärkung**).

> **Beispiel**
> Eine Patientin mit großen sozialen Ängsten möchte lernen, vor einem großen Auditorium Vorträge zu halten. Dabei nähert sie sich dem Zielverhalten schrittweise (z. B. zunächst kurze Begrüßung vor wenigen Leuten, dann Stellen einer Frage in größerem Auditorium etc.), wobei sie bei jedem erfolgreichen Schritt positiv verstärkt wird.

Chaining

Die Verkettung einzelner Verhaltensschritte zu einer komplexen Verhaltenskette nennt man chaining.

> **Beispiel**
> Wenn ein Kind zunächst gelobt wird, wenn es nur die Schuhbänder hält und dann, wenn es die Schuhbänder übereinander legt und dann, wenn es einen Knoten bindet. Danach wird es gelobt, wenn es zwei oder mehrere Schritte zusammenfügt (chaining = Verkettung).

Prompting

Beim Prompting wird das Erlernen eines neuen Verhaltens dadurch unterstützt, dass ein Hinweisreiz (Prompt) gegeben wird, um einen Lernprozess zu initiieren.

> **Beispiel**
> Einem geistig behinderten Kind wird beim Essen zunächst die Hand mit dem Löffel zum Mund geführt.

Biofeedback

Beim Biofeedback wird versucht, durch Sichtbarmachen relevanter autonomer Funktionen (z. B. Muskelspannung) dem Patienten beizubringen, diese aktiv zu steuern.

> **Merke!**
>
> Die lerntheoretische Grundlage für Biofeedback ist das operante Konditionieren.

Vorgehen:
- Der Patient bekommt das Signal einer physiologischen Messung (z. B. Muskeltonus mit EMG) visuell auf dem Computerbildschirm oder akustisch rückgemeldet.
- Er soll versuchen, durch willkürliche Veränderungen das Signal in gewünschter Weise zu beeinflussen (z. B. die Muskelspannung durch eine „Entspannung der betroffenen Muskulatur" zu reduzieren).
- Schafft es der Patient, bei seinen zunächst zufälligen Versuchen die autonome Funktion in gewünschter Art zu beeinflussen, wird er dafür positiv verstärkt (z. B. Signalbalken auf dem Bildschirm wechselt bei sinkender Muskelspannung von rot zu grün).
- Das zunächst zufällige Verhalten soll durch die kontinuierliche positive Verstärkung nun gezielt häufiger auftreten.

Anwendungsbeispiele: Skoliose und Migräne.

2.1.3 Kognitive Verhaltenstherapie

Im Zentrum kognitiver verhaltenstherapeutischer Maßnahmen steht das Denken des Patienten.
So sieht man hier die Ursachen einer Depression in einer pessimistischen Sicht der eigenen Person, der Umwelt und der Zukunft (kognitive Triade) und in übertriebenen Verallgemeinerungen dieser negativen Sicht.
Diese verzerrten Bewertungsmuster werden im Laufe der kognitiven Verhaltenstherapie durch realistischere Bewertungsmuster ersetzt.

2.2 Psychodynamische Modelle und die psychoanalytische Therapie

Nach psychoanalytischer Auffassung sind psychische Störungen Ausdruck eines intrapsychischen, verborgenen Konflikts, der sich im Unbewussten befindet. Solche Konflikte können durch nicht-akzeptable Wünsche des ES, die beispielsweise den Moralvorstellungen des Über-Ich widersprechen, entstehen (z. B. spürt ES sexuelles Begehren, dass vom Über-Ich aufgrund strenger moralischer Prinzipien nicht akzeptiert werden kann). Diese „bedrohlichen Bedürfnisse" werden mithilfe von **Abwehrmechanismen** verdrängt, sodass sie nicht ins Bewusstsein gelangen können. Wird solch ein Konflikt und damit die **intrapsychische Spannung** zu stark, „entlädt" sie sich in Form eines psychischen Symptoms, z. B. einer Angstneurose.

> **Übrigens ...**
>
> Die Psychoanalyse sieht die Symptomatik als eine Art „Hinweis" auf einen verborgenen psychischen Konflikt. Die Symptomatik selbst wird daher nicht behandelt, sondern es wird versucht, den ursächlichen Konflikt aufzudecken.

Derartige Konflikte sind meistens auf Erlebnisse in der frühen Kindheit zurückzuführen. Aus diesem Grund wird der **Analyse der frühkindlichen Erinnerungen** eine große Bedeutung eingeräumt.

> **Merke!**
>
> Zentrale Konzepte des psychoanalytischen Modells sind Konflikt und Abwehr.

2.2.1 Psychoanalyse als Therapiemethode

Das Ziel der Psychoanalyse ist es, unbewusste Konflikte aufzudecken und zu bearbeiten. Die unbewussten Anteile der Persönlichkeit sollen reduziert werden (s. Topografisches Modell, S. 24) und das Ich gestärkt werden. Um die ins Unbewusste verdrängten Konflikte aufzudecken, muss der **Widerstand des Ichs** durchbrochen werden, der einen freien Zugang zum Unbewussten verhindert. Dazu werden verschiedene psychoanalytische Techniken eingesetzt.

2.2.2 Psychoanalytische Techniken

- **Freie Assoziation:** Der Patient soll ohne jede Einschränkung spontan alle seine Gedanken schildern, womit die Wahrscheinlichkeit, dass verdrängte Inhalte auftauchen, gesteigert wird.
- **Traumdeutung** (laut Freud der „Königsweg zum Unbewussten"): Der Therapeut deutet die berichteten Trauminhalte des Patienten. Träume gelten als kodierte Botschaften des Unbewussten, denen ein verdrängter Wunsch zu Grunde liegt. Da das Ich nachts schläft, können diese ES-Botschaften im Traum geäußert werden.
- **Deutung des Widerstands:** Ist der Patient nicht bereit, die Deutung des Therapeuten zu akzeptieren, wird diese Reaktion wiederum als Widerstand bezeichnet, die vom Therapeuten im Sinne eines Abwehrprozesses gedeutet werden kann.

Übertragung: Im psychoanalytischen Prozess kann es dazu kommen, dass der Patient frühkindliche Interaktionserfahrungen (z. B. mit einem Elternteil) auf die Person des Therapeuten überträgt, wodurch die früheren, unbewussten Konflikte an die Oberfläche kommen können. Somit kann die Interaktion mit dem Therapeuten eine korrigierende und heilende Beziehungserfahrung werden.

2.2.3 Abwehrmechanismen

Die Psychoanalyse definiert Abwehrmechanismen, die das Ich einsetzen kann, um nicht zu vereinbarende Bedürfnisse und Anforderungen von Seiten des ES, des Über-Ichs und der Realität zu lösen.

> **Merke!**
>
> - Bei der Verdrängung werden ES-Impulse ins Unbewusste abgeschoben.
> - Bei der Verleugnung werden real existierende Ereignisse „vergessen".

2.2.3 Abwehrmechanismen

Abwehrmechanismus	Definition und Beispiel
Verdrängung (Grundprinzip vieler Abwehrmechanismen)	Abwehr nicht-akzeptabler ES-Impulse durch Blockierung des Zugangs zum Bewusstsein **Beispiel:** Aggressive Impulse werden verdrängt, da sie unter den momentanen Umständen (Realitätsanforderungen) gerade unpassend wären.
Verleugnung	Abwehr nicht-akzeptabler äußerer Realität durch Blockierung des Zugangs zum Bewusstsein **Beispiel:** Diagnose einer lebensbedrohlichen Erkrankung wird zunächst verleugnet – der Patient lebt so, als hätte er sie nie erfahren. (Kann übrigens im Akutstadium lebensbedrohlicher Erkrankungen durchaus hilfreich sein.)
Projektion	Eigene Emotionen und/oder Impulse werden in anderen Personen wahrgenommen. **Beispiel:** Eigene Aggressionsimpulse werden dem Gegenüber unterstellt. („Der hat mich schon so angesehen, als wolle er gleich zuschlagen.")
Verschiebung	Man verschiebt die negativen Emotionen, die man einer Person gegenüber empfindet, auf eine andere (ungefährlichere). **Beispiel:** Herr B. hat Aggression gegen den Chef und schlägt den Hund.
Isolierung	Trennung eines Objekts, Themas, einer Person von ihrer emotionalen/affektiven Bewertung **Beispiel:** Frau S. erzählt vollkommen sachlich vom Tod ihres Ehemanns.
Reaktionsbildung	Man tut das Gegenteil von dem, was man eigentlich fühlt. **Beispiel:** Peter ist eifersüchtig auf sein kleines Schwesterchen, verwöhnt es aber, da er diesen Hass nicht zulassen darf.
Rationalisierung	Man findet eine rationale Erklärung für ein unbewusst motiviertes Verhalten. **Beispiel:** Marie schlägt voller Wut ihren kleinen Bruder und sagt sich danach, dass es notwendig war, weil ihre Eltern ihn immer verwöhnen.
Regression	Man entzieht sich der Verantwortung, indem man kindliche Verhaltensweisen wieder aufgreift, die eigentlich nicht mehr der eigenen Entwicklungsstufe entsprechen. **Beispiel:** Sekundäre Enuresis (Einnässen) z. B. bei Eintritt in die Schule.
Sublimierung	„Unerwünschte Triebimpulse" werden in gesellschaftlich erwünschtes Verhalten umgelenkt. **Beispiel:** Ein Chirurg sublimiert seinen Aggressionstrieb, indem er ganz legal die Bäuche „aufschlitzt".
Identifikation	Man identifiziert sich mit seinem Aggressor und ist somit genau so stark wie dieser Feind. Wichtiger Mechanismus zur Lösung des ödipalen Konflikts. **Beispiel:** Ein kleiner Junge möchte genauso werden wie sein Papa, damit Mama ihn auch weiterhin liebt.
Konversion	Eine psychische Konfliktsituation (= Impuls aus dem ES) wird in ein körperliches Symptom umgelenkt (ÜBER-ICH kann aufgrund seiner strengen moralischen Maßstäbe den Impuls nicht akzeptieren = Konflikt zwischen Über-Ich und ES). **Beispiel:** Lähmung der Hand „rettet" vor dem Onanieren, wobei für die Lähmung keinerlei neurologische Schädigung vorliegt.
Ungeschehen machen	Man tut so, als seien bestimmte Wünsche, Gedanken, Gefühle oder Ereignisse nicht geschehen. **Beispiel:** Ein Patient trainiert wenige Tage nach einem Herzinfakt, obwohl dies sehr gefährlich ist.

Tab. 8: Abwehrmechanismen des Ich

DAS BRINGT PUNKTE

Besonders die **systematische Desensibilisierung** und die **Reizüberflutung** sind häufige verhaltenstherapeutische Verfahren und ebenso beliebte Themen der Fragen. Daher solltest du dir die Gemeinsamkeiten und Unterschiede gut einprägen.

Bei beiden Techniken geht es darum, den Patienten mit der angstauslösenden Situation zu konfrontieren:
- Bei der **systematischen Desensibilisierung geschieht die Konfrontation schrittweise** (erst einfache Situation, dann immer schwierigere). Zwischendurch entspannt sich der Patient immer wieder.
- Bei der **Reizüberflutung** wird **gleich** mit der **extremen Angstsituation** begonnen.

Auch das **SORKC-Modell** mit seinen Bestandteilen ist sehr wichtig. Am besten merkst du dir diese anhand der Fragen, die ein Therapeut stellen könnte, um einen vollständigen Überblick über das Problemverhalten zu gewinnen (z. B. für S: In welcher Stimulussituation tritt das Verhalten auf?).

Die Liste der **Abwehrmechanismen** in der Tabelle auf der vorhergehenden Seite erscheint lang und die einzelnen Mechanismen ähneln einander stark, aber für die Fragen lohnt es sich, wenn du diese Definitionen und Beispiele genau kennst.

Pause

Geschafft! Hier noch ein kleiner Cartoon als Belohnung ...
Danach kann gekreuzt werden ...

Mehr Cartoons unter www.medi-learn.de/cartoons

Index

A
Abwehr 37
Abwehrmechanismen 37
Akkomodation 26
angeborene Instinkte 19
angeborener Auslösemechanismus (AAM) 19
Angst 14
Angsthierarchie 35
Angst-State 15
Angststörungen 15, 18
Angst-Trait 15
Angst vor Misserfolg 20
anschauliches Denken 28
Appetenzverhalten 19
Äquilibrationsprinzip 26
Assimilation 26
Attributionsstil 21
Attributionstheorie 21, 31
autoritativer Erziehungsstil 29

B
Basisemotionen 14, 18
Bedürfnishierarchie 20
Behaviorismus 5
Bestrafung 7
bewusst 24
Big Five 26, 31
Biofeedback 36

D
Drei-Berge-Aufgabe 27

E
Effektgesetz des Lernens 7
egozentrisches Denken 27
Elektrakomplex 25
emotionale Labilität (= Neurotizismus) 25
emotionale Stabilität 25
Emotionen 13
Endhandlung 19
Entspannungstechniken 34
Erfolgsorientierung 20
erlernte Hilflosigkeit 17
Extinktion 9, 35

Extraversion 25, 31
Extraversion - Introversion 25
Eysenck 25, 31
Eysencks Persönlichkeitsmodell 25

F
Faktorenanalyse 25
Fixierung 24
fluide Intelligenz 12
freie Assoziation 38
Fremdeln 15
Freud, Siegmund 23
Furcht 15

G
Gedächtnis 18
Generalfaktorentheorie/Zweifaktorentheorie 11
Generalfaktor (= g-Faktor) 11
generalisierte Angststörung 16
Geschlechtsrollen 29
Geschmacksaversion 7
Gestaltpsychologie 10

H
Habituationstraining 34
Hamburg-Wechsler-Intelligenztest (HAWI) 12
high expressed emotion 30
Hoffnung auf Erfolg 20
humanistische Motivationstheorie 20

I
Ich 23
Identifikation 25, 39
Implosionstherapie 34, 35
in sensu 35
Instinkthandlung 19, 31
instrumentelles Lernen 7
Intelligenz 11
Intelligenzalter 13
Intelligenzmodelle 11
Intelligenzquotient (= IQ) 12
– Abweichungs-IQ 13
– Wechsler-IQ 13
Intelligenz-Struktur-Test (= IST) 12
Intelligenztests 12
Interaktionismus 23

Index

Introversion 31
in vivo 35
Isolierung 39
IST (= Intelligenz Struktur Test) 12

J
Jugendalter 29

K
Kanfer 33
Klassischer IQ 12
klassisches Konditionieren 5, 18, 33
Kognition 10
Kognitionspsychologie 10
kognitive Schemata 27
konditionierter/bedingter Reiz 5
konditionierte Reaktion/bedingte Reaktion 5
Konditionierung höherer Ordnung 6
Konfabulieren 5
Konflikt 37
Konfrontation 35
– Konfrontation in sensu 35
– Konfrontation in vivo 35
Kontingenz 8
Konversion 39
Korsakoff-Syndrom 5
Krankheitsverständnis 29
kristalline Intelligenz 12

L
Langzeitpotenzierung 3
Lateralisierung 1
Leerlaufhandlungen 20
Leistungsmotiv 20
Leistungsmotivation 20
Lernen 5
lerntheoretische Modelle 33
Lerntheorie 33
Libidoobjekt 24
Löschung 9, 35
Löschungsresistenz 9

M
Mengeninvarianz 28
Misserfolgsorientierte 20
Modell der multiplen Faktoren/Primärfaktorentheorie 11

Modelling-Effekt 10
Modelllernen 33
Motivation 19
Motivationskonflikt 22
– Appetenz-Appetenz-Konflikt 22
Motivationspsychologie 19

N
Neurotizismus 25, 31
neutraler Reiz 5

O
Objektpermanenz 27
Ödipuskomplex 25
operantes Konditionieren 18, 33, 35, 37
oraler/depressiver Charakter 25
Overachiever 13

P
Panikstörung 15, 18
Pawlowscher Hund 6
Peergroup 29
Perseveration 4
Persönlichkeit 22
Persönlichkeitstypen 24
phallischer/hysterischer Charakter 25
Phobie 15, 18
Piagets Modell der kognitiven Entwicklung 31
positiver Transfer 11
posttraumatische Belastungsstörung 16, 18
Prädispositionismus 23
Premackprinzip 8
Prepared-Reize 15
primary mental abilities 12
Prinzip der Ähnlichkeit 10
Prinzip der Geschlossenheit 10
Prinzip der Nähe 10
Prinzip der Prägnanz 10
Prinzip der reziproken Hemmung 34
Prinzip der Vertrautheit 10
Prinzip des „gemeinsamen Schicksals" 10
Projektion 39
Prompting 36
psychische Störungen 33, 37
Psychoanalyse 23
psychoanalytisches Persönlichkeitsmodell 31

psychoanalytische Techniken 38
psychoanalytische Therapie 37
psychosexuelle Entwicklung 24

R
Rationalisierung 39
Reaktionsbildung 39
Realangst 15
Regression 24, 39
Reizgeneralisierung und Reizdiskriminierung 9
Reizüberflutung 40
Remission 9

S
schizoider Charakter 25
Schlüsselreiz 19
sekundäres Verstärkersystem 35
Selbstaktualisierung 20
Selbstverwirklichung 20
Selbstwertprobleme 29
Sensitization 16
Signallernen 5
Situationismus 23
SORKC-Modell 33, 40
sozial-kognitive Lerntheorie 10
statistische Persönlichkeitsmodelle 25, 31
Sterbephasen 17
Strukturmodell der Persönlichkeit 23
Sublimierung 39
systematische Desensibilisierung 34, 40

T
Time Out 36
Token Economy
– sekundäre Verstärker 35
topographisches Modell 24
Trait 23
Transfer 10
– positiver Transfer 11
Trauerarbeit 17
Traumdeutung 38
Trennungsangst 15

U
Über-Ich 23
Übertragung 38
Umschüttaufgabe 28
unbewusst 24, 37
Underachiever 13
unkonditionierte Reaktion/unbedingte Reaktion 5
unkonditionierter Reiz 5

V
Verdrängung 39
Verhaltensanalyse 33
Verhaltensmodelle 33
Verhaltenstherapie 33
Verleugnung 16, 39
Verschiebung 39
Verstärkung 7, 8, 9, 18, 35
– intermittierende Verstärkung 9
– kontinuierliche Verstärkung 9
– negative Verstärkung 7, 18
– positive Verstärkung 7, 35
vorbewusst 24

W
Wahrnehmung 10
Wahrnehmungsabwehr 10
Widerstand 38

Z
zwanghafter/analer Charakter 25
Zwangsstörung 15, 18

Feedback

Deine Meinung ist gefragt!

Es ist erstaunlich, was das menschliche Gehirn an Informationen erfassen kann. Slbest wnen kilene Fleher in eenim Txet entlheatn snid, so knnsat du die eigneltchie Iofnrmotian deoncnh vershteen – so wie in dsieem Text heir.

Wir heabn die Srkitpe mecrfhah sehr sogrtfältg güpreft, aber vilcheliet hat auch uesnr Girehn – so wie deenis grdaee – unbeswust Fheler übresehen. Um in der Zuuknft noch bsseer zu wrdeen, bttein wir dich dhear um deine Mtiilhfe.

Sag uns, was dir aufgefallen ist, ob wir Stolpersteine übersehen haben oder ggf. Formulierungen verbessern sollten. Darüber hinaus freuen wir uns natürlich auch über positive Rückmeldungen aus der Leserschaft.

Deine Mithilfe ist für uns sehr wertvoll und wir möchten dein Engagement belohnen: Unter allen Rückmeldungen verlosen wir einmal im Semester Fachbücher im Wert von 250 Euro. Die Gewinner werden auf der Webseite von MEDI-LEARN unter www.medi-learn.de bekannt gegeben.

Schick deine Rückmeldung einfach per E-Mail an support@medi-learn.de oder trag sie im Internet in ein spezielles Formular für Rückmeldungen ein, das du unter der folgenden Adresse findest:

www.medi-learn.de/rueckmeldungen

PHYSIKUMSERGEBNISSE SCHON AM PRÜFUNGSTAG

EXAMENS-ERGEBNISSE

MEDI-LEARN®

**DEINE FRAGE
VIELE ANTWORTEN**

WWW.MEDI-LEARN.DE/SKR-FOREN

AB DEM 5. SEMESTER GEHT ES ERST RICHTIG LOS

MEDI-LEARN FOREN

MEDI-LEARN®